MAGASIN THÉATRAL.

CHOIX DE PIÈCES NOUVELLES,

JOUÉES SUR TOUS LES THÉATRES DE PARIS.

THÉATRE DU GYMNASE-DRAMATIQUE.

ALBERTA Iʳᵉ,

Comédie-Vaudeville en deux actes.

PARIS.

MARCHANT, ÉDITEUR

Boulevart Saint-Martin, 12.

BRUXELLES.

TARRIDE, LIBRAIRE, PASSAGE DE LA COMÉDIE.

La réimpression des 25 volumes formant la BIBLIOTHEQUE DE VILLE ET DE CAMPAGNE, est entièrement terminée ; nous prévenons nos Souscripteurs qu'il paraîtra chaque année deux nouv eaux volumes faisant suite à cette collection ; ces volumes comme ceux déjà publiés se vendront séparément.

CATALOGUE DES PIÈCES

contenues dans les 25 volumes de la

BIBLIOTHÈQUE DE VILLE ET DE CAMPAGNE,

(2ᵐᵉ ÉDITION DU MAGASIN THÉATRAL).

ILLUSTRÉE DE GRAVURES SUR BOIS ET DE PORTRAITS D'ACTEURS.

Chaque volume se vend séparément : 3 fr. 50 c.

TOME PREMIER.
- Marino Faliero, tr. 5 a. par C. Delavigne. 50
- L'Homme du siècle, dr. h. 4 a. 40
- Le Royaume des Femmes, f. 1 a. 40
- Le Sauveur, com. 3 a. 40
- L'Amitié d'une jeune fille, m. 40
- Je serai Comédien, c. 1 a. 30
- Le Curé Mérino, dr. 5 a. 50
- Antony, d. 4 a. par A. Dumas. 50
- Le Mari d'une Muse, c.-v. 1 a. 30
- Les 4 Ages du Palais-Royal. 40
- Juliette, dr. 5 a. 30
- Une Dame de l'empire, c.-v. 1 a. 30
- La Paysanne demoiselle, v. 4 a. 40
- Les Liaisons dangereuses, dr. 40
- Un de plus, com.-v. 3 a. 40
- Le Doigt de Dieu, dr. 1 a. 40
- L'honneur dans le crime, dr. 40

TOME II.
- Catherine Howart, dr. en 5 a. par Alexandre Dumas. 50
- Une Passion, v. 1 a. 40
- La Vénitienne, dr. 5 a. 50
- Théophile, c.-v. 1 a. 30
- Pécherel l'empailleur, v. 30
- Estelle, com.-v. 1 a. 30
- L'Apprenti, vaud. 1 a. 40
- Salvoisy, com. 2 a. 40
- Lestocq, op.-c. 4 a. 50
- Toriaf-le-Pendu, v. 1 a. 30
- Un Enfant, dr. 4 a. 40
- Le Capitaine Roland, c.-v. 30
- La Nappe et le Torchon, c.-v. 40
- Les Duels, com.-v. 2 a. 40
- L'Ambitieux, com. 5 a. 50
- Le Commis et la Grisette, v. 30
- Heureuse comme une princesse 40

TOME III.
- Les Enfans d'Édouard, trag. 40
- Mari de la Veuve, A. Dumas. 40
- Les Deux Borgnes, fol.-v. 30
- Prétez-moi 5 francs, mél. 40
- Le Juif errant, dr. fant. 50
- La Lectrice, vaud. 2 a. 40
- La Famille Moronval, dr. 5 a. 50
- Morin, dr. 5 a. 50
- Mon ami Grandet, vaud. 40
- Le Ramoneur, vaud. 30
- La vie de Napoléon, sc. épis. 30
- Latude, mél. hist. 5 a. 40
- La Prima Dona, v. 1 a. 40
- Georgette, vaud. 50
- Le Fer l'Évêque, vaud. 40
- Frétillon, vaud. 5 a. 50
- 1834 et 1835, rev. épis. 30
- La Fille de l'Avare, v. 2 a. 50

TOME IV.
- Napoléon, par Alex. Dumas. 50
- Atar-Gull, mél. 4 a. 40
- Être aimé ou mourir, c.-v. 40
- Dolly, dr. 3 a. 40
- Les Chauffeurs, mél. 3 a. 40
- Les Pages de Bassompierre. 30
- Farinelli, com.-hist. 3 a. 40
- La Nonne sanglante, dr. 5 a. 50
- La Marquise, op.-com. 1 a. 40
- Fich-Tong-Kang, v. 1 a. 40
- Mademoiselle Marguerite. 30
- Les Gants jaunes, v. 1 a. 30
- Le Cheval de bronze, o.-c. 3 a. 40
- Les Beignets à la Cour, c. 1 a. 30
- Le Père Goriot, v. 2 a. 40
- Fleurette, dr. 3 a. 40
- Étienne et Robert, v. 30
- Une Mère, dr. 2 a. 40

TOME V.
- Charles VII, tragédie en 5 actes, par Alexandre Dumas. 50
- Mme d'Egmont, com. 3 a. 30
- La Traite des Noirs, dr. 50
- Karl, dr. 4 a. 40
- La Croix d'or, c.-v. 2 a. 40
- Jeanne de Flandre, mél. 40
- Une Chaumière et son Cœur. 40
- On ne passe pas, v. 1 a. 30
- Cornaro, parodie d'Angelo 40
- Cromwell, dr. 5 a. par Cordelier Delanoue. 50
- Mathilde, com. 3 a. 40
- Ma Femme et mon Parapluie. 40
- La Berline de l'Émigré, d. 5 a. 50
- Le Curé de Champaubert, c. 40
- L'Habit ne fait pas le moine. 40
- Marguerite de Quélus, d. 3 a. 40
- Les deux Reines, op.-c. 50

TOME VI.
- Thérésa, d. 5 a. par A. Dumas. 50
- Charlotte, dr. 3 a. 40
- La Consigne, com.-v. 1 a. 30
- Pauvre Jacques, c.-v. 1 a. 40
- Madelon Friquet, v. 2 a. 40
- L'Aumônier du régiment, 1 a. 40
- Un Mariage sous l'empire, v. 2 a. 40
- La Pensionnaire mariée, c.-v. 40
- Le Mariage raisonnable, 1 a. 30
- La Tirelire, com.-v. 1 a. 40
- La Tache de sang, dr. 3 a. 40
- La Savonnette impériale, v. 40
- André, vaud. 2 a. 40
- Jean-Bart, parod. en 5 pièc. 50
- La Sonnette de nuit, c.-v. 1 a. 40
- La Fiole de Cagliostro, v. 40
- Infidélités de Lisette, v. 3 a. 40
- Les Enragés, tab. villageois. 30
- Jérusalem délivrée. 50

TOME VII.
- Angèle, d. 5 a. par Alexandre Dumas. 50
- L'homme du monde, dr. 5 a. 50
- Le Conseil de révision, v. 4 a. 40
- Le Procès du mar. Ney, 4 a. 50
- Valentine, dr.-vaud. 2 actes, par Scribe et Mélesville. 40
- Coquelicot, vaud. 3 a. 40
- Pensionnat de Montereau. 30
- La Folle, dr. 3 a. 40
- Le Gamin de Paris, c.-v. 2 a. 50
- Le Transfuge, dr. 3 a. 40
- M. et Madame Galochard. 40
- Les Chansons de Désaugiers. 50
- Le Prévôt de Paris, mél. 3 a. 40
- Gil-Blas, vaud. 3 a. 40
- Renaudin de Caen, c.-v. 2 a. 40
- Chut! 2 actes, par Scribe. 40
- Cotillon III, c.-v. 1 a. 40

TOME VIII.
- La Chambre Ardente, d. 5 a. par Mélesville et Bayard. 50
- Le Moine, dr. 4 a. 50
- Héloïse et Abeilard, dr. 5 a. 50
- La Laide, dr. 3 a. 40
- L'Enfant du Faubourg, c. 3 a. 40
- L'Ingénieur, dr. 3a. par Charles Duveyrier. 40
- La Marq. de Pretintaille, v. 1 a. 30
- Don Juan de Marana, myst. par Alexandre Dumas. 50
- Le Démon de la Nuit, v. 2 a. 40
- Un Procès criminel, c. 3 a. par Rosier. 50
- Le comte de Horn, dr. 3a 40
- Un Bal du grand monde, v. 1a. 40
- Le Barbier du roi d'Aragon, 3. par Dupeuty, Fontan et Ader. 40
- Reine, Cardinal et Page, v. 30

TOME IX.
- La D. de la Vaubalière, d. 5 a. 50
- Jeanne Vaubernier, c. 3 a. 40
- Indiana, dr. 5 parties. 50
- Jours gras sous Charles IX, dr. par Lockroy et Arnould. 50
- Mistress Siddons, c.-v. 1 a. 40
- Tout ou Rien, dr. 3 a. 40
- Amazampo, dr. 4 a. et 8 tab. 50
- Christiern, mél. 5 a. 50
- Casanova, v. 3 a. 50
- Georgine, com.-v. 1 a. 50
- Sir Hugues, par Scribe, dr. 50
- Arriver à propos, v. 1 a. 30
- Marie, par Mme Ancelot. 50
- Pierre le Rouge, par de Rougemont, Dupeuty et Antier. 40
- La Femme de l'Ouvrier, v. 1 a. 30
- L'Épée de mon Père, c. 1 a. 30

TOME X.
- Kean, drame en 5 actes, par Alexandre Dumas. 50
- Père et Parrain, v. 2 a. 40
- Les Deux divorces, c.-v. 1 a. 40
- Un Cœur de mère, c.-v. 2 a. 40
- Malfier, dr. 5 a. 50
- Le Muet d'Ingouville, c.-v. 2 a. 40
- El Gitano, mél. 5 a. 50
- Léon, drame en cinq ac. par Rougemont 50
- Fils d'un agent de change, v. 50
- Le comte de Charolais, 3 a. 50
- Le Mari de la Dame de chœurs. 50
- Roquelaure, vaud. 4 a. 50
- Madame Favart, com. 3 a. par Xavier et Masson. 40
- L'Ambassadrice, op.-c. 3 a. par Scribe. 50

TOME XI.
- L'Année sur la Sellette, v. 1 a. 30
- Le Secret de mon Oncle, v. 1 a. 30
- La Nouvelle Héloïse, dr. 3 a. 40
- Gaspardo, par M. Bouchardy. 50
- La Chevalière d'Éon, v. 3 a. 40
- Le Postillon de Lonjumeau. 40
- Austerlitz, évén. hist. 3 a. 40
- Le Muet de St-Malo, v. 1 a. 30
- Riche et Pauvre, dr. 5 a. 50
- Stradella, com. 1 a. 40
- Les Laitiers et les Chasseurs. 30
- Un de plus, mél. 1 a. 40
- La Champmeslé, c.-anec. 40
- Michel, com.-vaud. 3 a. 40
- Les Sept Infans de Lara, d. 5 a. 50
- Paravicidés, dr. 3 a. 40
- Pierre et Paul, vaud. 1 a. 30
- Le Portefeuille ou... 40

TOME XII.
- Riquiqui, com.-vaud. 3 a. 40
- Un Grand Orateur, c.-v. 1 a. 30
- Trop Heureuse, c.-v. 1 a. 40
- Le Paysan des Alpes, dr. 5 a. 50
- La Vieillesse d'un grand Roi. 50
- L'Étudiant et la Grande Dame. 50
- La Comtesse du Tonneau, v. 2 a. 50
- Polly, com.-vaud. 3 a. 50
- Le Bouquet de bal, c. 1 a. 40
- La Vendéenne, c.-v. 2 a. 50
- Julie, com. 3 a. 50
- L'honneur de ma mère, d. 3 a. 50
- Julie Grandgeor, dr. 3 a. par Rougemont. 50
- Schubry, c.-v. 1 a.
- L'Ange gardien, dr.-v. 3 a.
- Miel et Vinaigre, c.-v. 1 a.
- Femme et Maîtresse, c.-v. 1 a. 30

TOME XIII.
- Un Chef-d'Œuvre inconnu. 40
- Jeanne de Naples, dr. 5 a. 40
- Le Gars, dr. 5 a. 50
- Vouloir c'est pouvoir, dr. 2 a. 40
- Mina, [illegible]
- Le [illegible] sur la mer, [illegible] 1 a. 30
- Le Prix de l'Enfant, c.-v. 2 a. 40
- Sans Nom, [illegible] 1 a. 40
- L'Agneau, mél. 2 a. 40
- Le Mari à la ville et la Femme à la campagne, c.-v. 2 a. 40
- Une Fille de l'Air, f. 3 a. 50
- Le Château de ma Nièce, c. 1 a. 30
- La Fille d'un Militaire, c.-v. 2 a. 40
- La Tour de Faction, v. 1 a. 30
- La double Échelle, o.-v. [illegible] 40
- Bruno le Fileur, 2 a. 30
- [illegible] pour la Grandeur, dr. 3 a. 40

TOME XIV.
- Le Tourlourou, vaud. 5 a. 50
- Le Bon Garçon, op.-c. 1 a. 30
- L'Officier Bleu, dr. 3 a. 50
- Portier je veux de tes cheveux. 40
- Itta l'Espagnole, dr. 4 a. 50
- Pouillo, op.-com. 3 a. 40
- Le Café des Comédiens, v. 1 a. 40
- Thomas Mauvert, dr. 5 a. 50
- Pauvre Mère, dr. 5 actes par Francis Cornu et Auger. 50
- Spectacle à la Cour, c.-v. 2 a. 40
- Le Domino Noir, op.-c. 3 a. par Scribe. 50
- Longue-Épée, dr. 5 a. 50
- Maria Padilla, en 3 a. 40
- Roméo et Juliette, trag. 5 a. par Frédéric Soulié. 50
- La Folle Beaujon 30

TOME XV.
- Marquise de Senneterre, c. 3 a. 40
- Caligula, 5 a. par A. Dumas. 50
- L'Ile de la Folie, r. 1 a. 30
- La Dame de la Halle, v. 2 a. 40
- Les Saltimbanques, par. 3 a. 50
- A Trente Ans, v. 3 act. par Rosier. 40
- L'Élève de St-Cyr, dr. 5 a. 50
- Marcel, dr. 4 a. 50
- La Maîtresse de Langues, 1 a. 40
- Le Cabaret de Lustucru, 1 a. 40
- L'Interdiction, dr. 2 a. 40
- La Pauvre Fille, mél. 5 a. 50
- Isabelle, com. 3 a. 40
- La Petite Maison, c.-v. 2 a. 40
- La Demoiselle Majeure, v. 3 a. 50
- M. et Mme Pinchon, c.-v. 1 a. 30
- Mlle Dangeville, c.-v. 1 a. 40

TOME XVI.
- Arthur, c.-v. 2 a. 40
- Les Suites d'une faute, d. 5 a. 50
- Les Enfans du délire, v. 1 a. 40
- Matéo, d. 5 a. 50
- Le Mariage en Capuchon, v. 2 a. 40
- A bas les hommes! v. 1 a. 40
- La Bourse de Pézénas, v. 1 a. 30
- Lord Surrey, dr. 5 actes par Fillion et de Josserand. 50
- Simon Terre-Neuve, c.-v. 1 a. 40
- Gaspard Hanser, dr. 4 a. par Anicet et D'ennery. 50
- Les deux Pigeons, c.-v. 4 a. 40
- Mathias l'Invalide, c.-v. 2 a. 40
- Impressions de Voyages, v. 2 a. 40
- Geneviève de Brabant, mél. 4 a. 40
- Rafaël, dr.-com. 3 a. 40
- Faute de s'entendre, com. 1 a. 40

ALBERTA I^{RE},

COMÉDIE-VAUDEVILLE EN DEUX ACTES,

DE M. N. FOURNIER.

REPRÉSENTÉE POUR LA PREMIÈRE FOIS, A PARIS, SUR LE THÉATRE DU GYMNASE-DRAMATIQUE, LE 6 AVRIL 1844.

PERSONNAGES.	ACTEURS.	PERSONNAGES.	ACTEURS.
LE PRINCE FRÉDÉRIC-AUGUSTE..................	M. Julien-Deschamps.	UN AUTRE CONSEILLER...	M. Bordier.
LE COMTE DE MISTERTOFF.	M. Numa.	LA DOUAIRIÈRE WILHELMINE DE ROTTEMBERG-GOTTORP..............	Mme Usannaz.
LE BAR. DE ROSENCRANTZ.	M. Klein.		
PÉTRUS..................	M. Rébard.	ALBERTA, sa nièce.........	Mlle Rose Chéri.
UN CONSEILLER..........	M. Alexandre.		

La scène se passe en Bavière, au premier acte, chez la douairière.

ACTE PREMIER.

L'intérieur d'une chaumière; au fond, la campagne; porte au fond, portes latérales

SCÈNE PREMIÈRE.

FRÉDÉRIC, *sortant de la chambre à droite et allant regarder au fond.*

Il fait déjà grand jour... Pétrus devrait être ici !... personne n'est encore levé dans cette chaumière... ma respectable cousine s'est endormie hier en relisant ses almanachs généalogiques... son sommeil doit être bien profond... Quant à sa nièce, la petite Alberta, une enfant qui ne songe qu'à ses fleurs et à sa volière... et perdre des instants si précieux ! Je n'ai pas fermé l'œil de la nuit ! Ah ! c'est qu'au moment d'agir, le cœur bat, la tête brûle... ô Dieu ! moi le fils d'un exilé, recueillir un pareil héritage ! Quel bonheur que j'aie quitté cette terre d'Amérique où

j'étais allé servir sous le drapeau français !...
A mon retour, pressé de revoir mon pays,
je traversais l'Allemagne en toute hâte...
j'apprends que le major Daunitz est à Darm-
stadt, lui, cet ancien ami de mon père !...
Quelle fut sa joie en me revoyant ! il me pres-
sait dans ses bras .. C'est le ciel, me dit-il,
mon enfant, c'est le ciel qui vous ramène !..
et dans quel moment ! voyez cette dépêche...
vous allez régner. — Régner !.. — Il m'apprend alors la mort de mon grand-oncle, le
grand-duc de Saxe-Meiningen, celle d'un
neveu qui l'avait précédée... Vos droits sont
certains, ajoute-t-il , en votre absence on
pourrait les méconnaître, mais paraissez pour
confondre vos ennemis; moi, je pars à la
hâte pour la résidence afin de vous préparer
les voies; vous, pendant ce temps prenez par
la route de la Bavière... J'ai suivi toutes ses
instructions... voyageant seul, bien armé,
sous le simple nom de Frédéric, car c'est
surtout le mystère qui importe ! et maintenant me voici tout prêt.

AIR :

De mon père je me rappelle
  Les touchants et derniers avis :
A notre nom, dit-il, soyez fidèle ;
  Que les devoirs qu'il impose, à mon fils
  Par vous en tout temps soient remplis.
Ah ! qu'aujourd'hui, mon père, soit bénie
Cette entreprise où j'ai mis mon espoir!
  Le bonheur de notre patrie
  N'est-il pas mon premier devoir !

Mais ce Pétrus auquel il m'adresse... un mécontent qu'en attendant mieux il a installé
ici comme intendant de ses domaines, un de
ces hommes déliés, remuants, comme il nous
en faut bien pour réussir... Je n'ai pu le voir
hier qu'un instant, quand je suis arrivé à
Blenthall, et la prudence... mais Dieu soit
loué, le voici...

SCÈNE II.

FRÉDÉRIC, PÉTRUS, *entrant doucement*
par le fond.

PÉTRUS. Ah ! prince, votre altesse...

FRÉDÉRIC. Chut ! pas encore !... prenez
garde que la vieille dame et sa nièce...

PÉTRUS. Oh ! je connais leurs habitudes,
moi, leur voisin par circonstance !... Mais
comment se fait-il que je vous trouve ici ?
vous m'aviez d'abord donné rendez-vous à
l'auberge.

FRÉDÉRIC. Oui, j'y mourais d'impatience;
mais qu'ai-je appris? ici sur cette colline
écartée se trouve le petit ermitage de
Rosen-Grün, comme on l'appelle, où demeure une vieille parente à moi, avec sa gen-

tille petite nièce, la fille de mon digne oncle
Albert, qui a été élevée près de moi, en
France... Pour tromper les heures, je suis
venu les voir, et mes pauvres cousines m'ont
donné l'hospitalité sans se douter de mes
projets.

PÉTRUS. Vos projets!.. d'après la lettre de
créance que vous m'avez remise, le major
Daunitz les approuve.

FRÉDÉRIC. C'est lui qui me les a inspirés,
et vous devez compléter les renseignements
qui me sont nécessaires.

PÉTRUS. Vous savez quels motifs ont fait
autrefois exiler votre père.

FRÉDÉRIC. Avec celui de ma cousine Alberta... on redoutait l'influence de leurs idées
généreuses...

PÉTRUS. Comme aujourd'hui certains cour-
tisans redoutent les vôtres, monseigneur :
aussi a-t-on pris le prétexte de votre service
en pays étranger. Décidément on invoque
la loi saxonne pour vous repousser, pour vous
exclure...

FRÉDÉRIC. Me traiter en ennemi ! Eh ! ne
voient-ils pas qu'ils servent par là les desseins
de Hesse-Cassel, qui à mon défaut ferait va-
loir ses prétentions ? Les imprudents !.. Et les
meneurs de cette intrigue?

PÉTRUS. D'abord le comte de Mistertoff...

FRÉDÉRIC. Ah ! oui, ce ministre de la
guerre...

PÉTRUS. Qui n'a jamais servi.

FRÉDÉRIC. Arrivé à ce poste éminent en
faisant tous les soirs la partie d'échecs du feu
duc.

PÉTRUS. Les échecs sont l'image de la
guerre. Et puis, le baron de Rosencrantz qui
a de grandes prétentions à la diplomatie.

FRÉDÉRIC. Et qui maintenant est ministre
de la police.

PÉTRUS. La diplomatie, la police, tout ça
se tient... Oh ! celui-là...

FRÉDÉRIC. Vous le connaissez ?

PÉTRUS. J'étais intendant sous ses ordres ;
mais son ingratitude m'a délié de mes serments... Oser me traiter d'intrigant parce
que, comme tout le monde, je me préoccupais
des affaires de mon pays, et d'ambitieux
parce que, pour prix de mes services, je de-
mandais qu'il me procurât à la cour une
charge de majordome !

FRÉDÉRIC. Il vous a refusé ?

PÉTRUS. C'est alors que je suis venu trouver le major Daunitz, son ennemi politique...
un camp vous est fermé, l'autre vous est ou-
vert... c'est dans l'ordre.

FRÉDÉRIC. Le major m'a garanti votre dévouement.

PÉTRUS. Oh ! quant à cela !... vous avez
mes serments, car votre altesse réussira, j'en
fais mon affaire.

FRÉDÉRIC. Il s'agit donc de franchir la frontière sur le point le moins surveillé par les postes et les lignes de douanes...

PÉTRUS. Au petit ruisseau d'Hezendorf... il doit y avoir sur le revers de cette colline un sentier connu des contrebandiers et qui descend de ce côté-là... il faut que je l'explore d'avance... Ah diable! et ces lettres du major, cette dépêche qui vous avertira de l'instant favorable, et qu'il doit m'adresser à moi pour plus de précautions... il faut que je sois chez moi pour la recevoir... je cours au plus pressé... quant au sentier, on pourra vous l'indiquer ici...

FRÉDÉRIC. Ah! que je sois enfin libre d'agir! Mes partisans et mes ennemis me verront paraître à l'improviste. Un coup du ciel pour les uns, un coup de foudre pour les autres! Mais le secret est le point capital... si un seul mot donnait l'éveil!

PÉTRUS. Fiez-vous à mes serments, comme je me fie aux bontés de votre altesse.

Valse de M. Placet.

PÉTRUS.

Mon dévouement, je puis vous le promettre,
Ne faiblira devant aucun danger,
Et si pour vous j'ose me compromettre,
C'est au succès de m'en dédommager.

FRÉDÉRIC.

Ne craignez rien, je saurai reconnaître
Un dévouement qui brava le danger.
Quand vous osez pour moi vous compromettre,
Puissé-je un jour vous en dédommager.

Il sort

SCÈNE III.

FRÉDÉRIC, *puis* ALBERTA.

FRÉDÉRIC. Tous ces délais... tous ces ménagements me tuent. Oh! que j'aimerais bien mieux une attaque vive, une lutte ouverte au grand jour! Rosencrantz, Mistertoff, chétifs ambitieux, rois honteux sous le nom d'un prince trop faible, vous espérez avant lui prolonger encore votre règne, mais vous avez compté sans moi, sans votre maître... Oh! quand donc me verront-ils?.. Vingt fois déjà j'ai combiné mon plan...

Il réfléchit.

ALBERTA, *en robe blanche et en chapeau de paille; elle entre sur la pointe du pied, et va écouter à la porte de droite.* Écoutons s'il est éveillé... J'ai préparé moi-même son déjeuner, et dès qu'il sera levé... Je n'entends pas de bruit... pauvre cousin! il avait l'air si fatigué de son voyage... il faut le laisser dormir... je reviendrai tout à l'heure.

Au moment où elle va se retirer avec la même précaution, Frédéric se trouve devant elle.

FRÉDÉRIC. Ah! je vous y prends, petite cousine!

ALBERTA, *reculant et poussant un cri.* Ah! mon Dieu, que c'est donc mal de faire des surprises comme cela... j'en suis toute tremblante, tenez.

FRÉDÉRIC. Ah! vous avez cru être plus matinale que moi... vous ne vous rappelez donc pas nos grandes querelles d'autrefois?

ALBERTA. Oh! si fait, quand nous étions en France; je me rappelle tout... c'est étonnant, n'est-ce pas?... depuis le temps!... Le matin à six heures, toujours le premier dans le jardin, et monsieur se cachait comme tout à l'heure... c'était à la ferme que nous nous retrouvions... Vous souvenez-vous de la petite Charlotte... qui nous réservait toujours de si bonne crème?... et votre gouverneur, vieil ami de votre père, qui avait voulu le suivre en exil, et qui courait toujours après vous, malgré sa goutte... je le vois encore, quand il vous faisait ses grands yeux...

FRÉDÉRIC. Toujours grondant!...

ALBERTA. C'est égal, il vous aimait bien... et le soir, ces belles lectures qu'il nous faisait... ces récits d'aventures héroïques!... oh! d'abord, dès qu'il était question de batailles, il ne fallait plus vous regarder... Monsieur mettait un poing sur la hanche, et l'autre sur le pommeau de son épée... car vous aviez déjà une épée... plus grande que vous... et vous menaciez de tout pourfendre... moi, j'avais peur... alors vous me disiez: Enfant, c'est pour te protéger!... Et ça me rassurait. Ensuite venaient les histoires de voyages... là c'est différent... ces adieux, ces séparations! il me semblait toujours que c'était vous qui partiez, et je pleurais... alors, méchant, vous vous mettiez à rire en me disant: Ah! ma petite Alberta, que tu es folle! Folle! pas trop... quelques mois après, nous étions séparés aussi, et mon père revenait trouver ma tante déjà veuve de ce grand seigneur qui l'avait ruinée; le ciel devait nous rapprocher, mon cousin, car, vous le savez, nous nous étions promis de vivre toujours l'un près de l'autre; nous nous retrouvons enfin, mais seuls, orphelins.... mon pauvre père avant de mourir a écrit à son frère une lettre... mais je ne pouvais plus la lui remettre, à lui...

FRÉDÉRIC. Une lettre adressée à mon père et par le vôtre..

ALBERTA, *lui remettant la lettre.* La voici. Ah! ne la lisez pas devant moi, je vous en prie; plus tard, vous aurez le temps... nous ne nous quitterons pas si vite. Ah! tenez, chassons les idées tristes. Hier, quand notre porte s'est ouverte, et que je vous ai vu... j'ai senti là une émotion comme si tous mes souvenirs entraient en foule avec vous... car ils sont devant moi, vivants!..

AIR : de Mlle Clarisse Desgarcins.

La jeunesse est, dit-on, l'âge de l'espérance :
Elle marche, les yeux fixés sur l'avenir;
L'âge mûr, au présent se plaît de préférence,
Et la vieillesse enfin ne vit qu'en souvenir.
Je me souviens toujours !... et déjà ma carrière
Serait à son déclin si j'en croyais mon cœur.
Mes beaux jours, mes plaisirs, je les cherche en arrière
Et c'est dans le passé que je vois mon bonheur.

FRÉDÉRIC. Chère Alberta !

ALBERTA. Et pour commencer par les souvenirs de la ferme, je vais vous servir, comme Charlotte, un petit déjeuner de ma façon.

FRÉDÉRIC. Quoi ! vous prendriez la peine...

ALBERTA, *en rangeant le couvert.* La grande peine ! vous voilà comme ma tante, qui me plaint toujours... pauvre tante ! elle regrette le temps où elle brillait !... car il paraît qu'elle a beaucoup brillé à la cour de Hesse-Cassel... il y a dix-huit ans, quand je n'étais pas née... du vivant de son mari, le chambellan... de cette époque-là tout est superbe, à l'entendre... elle mêle tout, la politique, les alliances princières, les couronnements, les galas... à présent, quoiqu'elle n'en convienne pas, elle souffre beaucoup d'être pauvre... moi, je n'y pense pas... j'y suis habituée... quand on a été proscrit de si bonne heure...

FRÉDÉRIC, *voulant l'empêcher de porter la table.* Encore une fois, ma petite cousine, je ne peux pas souffrir.

ALBERTA. Eh bien, aidez-moi. (*Ils apportent la table servie sur le devant de la scène.*) Dieu ! que les hommes sont gauches ! ôtez donc cette épée qui vous gêne.

FRÉDÉRIC, *vivement.* Oh ! non pas...

ALBERTA. Toujours le même... voyons, asseyez-vous là...

FRÉDÉRIC. Et vous ?

ALBERTA. Moi ?.. à côté de vous... je vous servirai.

Ils s'asseyent à table.

FRÉDÉRIC, *à part.* Au fait, puisqu'il faut attendre et prendre des forces...

ALBERTA. Que je suis donc contente que vous soyez venu nous voir, et comme c'est aimable d'avoir pensé à nous !

FRÉDÉRIC. N'était-ce pas tout naturel ?

ALBERTA. Oui, deux exilés se réunissent auprès de leur pays... Eh mais, quelle idée !... ah ! mon cousin, voilà ce qu'il vous faut... dans les environs, sur le revers de la colline, la plus jolie maisonnette, en descendant à mi-côte, par un petit sentier.

FRÉDÉRIC, *attentif.* Un sentier?... celui qui conduit au ruisseau d'Hézendorf ?

ALBERTA. Justement...

FRÉDÉRIC, *montrant la gauche.* C'est par ici ?

Alberta, Frédéric.

ALBERTA. Oui, à gauche en sortant... la maison est vacante et bien isolée...

FRÉDÉRIC. Mais les postes... les lignes de douanes.

ALBERTA. Oh ! ils sont bien loin de là...

FRÉDÉRIC. Ah ! très-bien.

ALBERTA. Prenez-la donc, mon cousin, ce serait charmant. Songez... nous serions voisins, si près de notre pays !.. et nous nous verrions presque tous les jours...

FRÉDÉRIC. Oh ! certainement... Ce plaisir..

ALBERTA. Je vous vois déjà installé... vous me direz : Il faut qu'un homme s'occupe : oh ! les occupations ne vous manqueront pas... la lecture, la promenade, la pêche... vous avez un étang... un jardin comme le nôtre, des fruits comme ceux-ci, une petite tourelle en belvédère, et un beau colombier seigneurial. Quelle joie ! nous irions vous aider à en prendre soin.

FRÉDÉRIC. Comment donc !... une jolie petite pastorale !

ALBERTA. Et puis, vous nous raconterez vos voyages, vos campagnes...

FRÉDÉRIC. Comme mon vieux gouverneur ? (*A part*). Elle est charmante !

WILHELMINE, *en dehors.* Alberta !

ALBERTA, *se levant.* Ah, ma tante ! déjà ! quel dommage ! nous causions si bien !

SCÈNE IV.

WILHELMINE, *entrant à gauche;* ALBERTA, FRÉDÉRIC.

WILHELMINE. Eh bien, ma chère, où avez-vous donc serré mon almanach de Gotha, celui de 1750 ? (*Apercevant Frédéric, elle fait une grande révérence.*) Ah ! mon Dieu, que vois-je ? une table servie avec cette frugalité !... Ah ! ma chère, vous donnerez à notre jeune parent une bien pauvre idée de l'hospitalité allemande...

FRÉDÉRIC. En vérité, madame, ce déjeuner m'a paru excellent, et je n'en aurais pas voulu d'autre.

ALBERTA, *à part.* Ça se trouve à merveille.

Elle reporte la table avec Frédéric.

WILHELMINE. Eh bien, à la bonne heure ! vous rendrez témoignage de ce que vous avez vu. Voilà où nous réduit l'indifférence des cours ! vous pourrez dire que la douairière Wilhelmine de Kaltenneberg-Derschradt, veuve du chambellan, comte de Rottemberg-Gottorp, et sa petite-nièce, mademoiselle Alberta d'Offenberg, vous ont servi chez elles du lait et des œufs frais.

FRÉDÉRIC. En vérité, cette situation...

WILHELMINE. J'en fais gloire, monsieur !

c'est une suite des manières grandes et généreuses de feu mon époux, beau cavalier, vrai
gentilhomme, beau joueur surtout... il a
mangé mon douaire, c'est vrai, mais il l'a
mangé noblement! en semant l'or dans toute
l'Europe!... Ingrate Europe! tu ne l'as pas
rendu à sa veuve! Je vous autorise, jeune
homme, à publier le fait quand vous pour-
suivrez votre voyage.

ALBERTA, *revenant en scène.* Non, ma
tante, non, il ne s'en va pas.

WILHELMINE. Plaît-il?

ALBERTA. J'ai arrangé cela... n'est-ce pas,
mon cousin? vous nous restez... Oh! d'abord,
j'ai votre promesse... Contez donc à ma tante
nos petits projets... (*Bas.*) Elle vous par-
lera peut-être politique... mais vous n'y
ferez pas attention... (*Haut.*) Moi, je vous
laisse, je vous laisse à regret... car j'ai beaucoup à faire... les soins du ménage, quand
on est presque seule... (*A part.*) Et puis,
je vais lui cueillir un beau bouquet de mes
roses favorites... comme dans le bon temps.
(*Haut.*) Au revoir mon, cousin.

FRÉDÉRIC. Bonjour, cousine.   Elle sort.

SCÈNE V.

WILHELMINE, FRÉDÉRIC.

WILHELMINE. Cette petite fille ne tient pas
de moi... elle manquera toujours de dignité.

FRÉDÉRIC, *qui l'a suivie des yeux.* Charmante enfant! combien je déplore cette con-
dition si peu conforme à sa naissance! et si
j'osais, pour elle, et pour vous-même, madame, vous faire mes offres de service...

WILHELMINE. Vous! plaît-il? pardon, vous
avez dit des offres... à moi, la comtesse de
Rottemberg-Gottorp!... des offres!... de la
part de monsieur Frédéric?

FRÉDÉRIC. Je voudrais avoir un meilleur
titre... Cependant, entre parents, ma chère
tante...

WILHELMINE. Votre tante?.. permettez:
cousine, arrière-cousine, à la bonne heure;
notre généalogie est plus ancienne que la
vôtre... Nous vous primons... Qu'une partie
de vos aïeux ait trôné dans la Saxe moderne,
je le veux bien, mais nous, nous avons du
Witikind dans les veines...

FRÉDÉRIC. Je m'en rapporte à vous, ma
noble cousine...

WILHELMINE. Maintenant pour répondre
à votre obligeance, mon cher cousin, je vous
offre à mon tour une puissante recommanda-
tion, celle des souvenirs que j'ai laissés à la
cour de Hesse-Cassel. Et si vous dirigez vos
pas de ce côté-là...

FRÉDÉRIC, *à part.* Décidément, elle veut
se débarrasser de moi.

WILHELMINE. Je crois, entre nous, que le
jeune prince veut réparer les torts de sa famille... Un voyageur qui passait par ici, il y a
quelques jours, m'a fait pressentir une visite
de son altesse...

FRÉDÉRIC. Est-il possible?

WILHELMINE. Quel honneur!

FRÉDÉRIC, *à part.* Le prince de Hesse-
Cassel! ici, de ce côté de la frontière! lui!
mon compétiteur!... Ah! je n'ai pas de temps
à perdre.

WILHELMINE. Que dites-vous?

FRÉDÉRIC. Je vous remercie, ma chère
parente, et pour vous dire adieu, je n'attends
plus qu'une lettre.

SCÈNE VI.

WILHELMINE, PÉTRUS, FRÉDÉRIC.

PÉTRUS, *entrant vivement, sans voir
Wilhelmine.* Prince! la dépêche pour votre
altesse!

WILHELMINE. Votre altesse!

PÉTRUS. Oh! la douairière

FRÉDÉRIC, *prenant la dépêche.* Maladroit!

WILHELMINE. Ah mon Dieu! qu'est-ce
qu'il dit? *

FRÉDÉRIC, *en ouvrant la dépêche.* La
vérité. Eh bien, oui, madame, puisque le
hasard vous l'apprend, c'est un souverain
qui rentre dans ses états.

WILHELMINE. Comment se fait-il?... Mais
en effet, votre grand-oncle... Moi, qui ai tant
de science politique... j'avais oublié... mais,
confinée ici... dans la retraite.

FRÉDÉRIC, *à part.* Et dans ses almanachs.

WILHELMINE. Grand-duc de Saxe! vous!
Ah! mon neveu, mon cher neveu!... c'est-
à-dire qu'à présent nous pouvons traiter
d'égal à égal...

FRÉDÉRIC, *après avoir lu.* Comtesse Wilhelmine, je vous remercie de votre hospitalité.
(*A Pétrus.*) Pétrus, le moment est venu...
des chevaux à l'instant, au bas de la colline.

WILHELMINE. Allez vite, Pétrus, pour le
service du grand-duc mon neveu.

PÉTRUS, *à Frédéric.* Pourvu que la route
soit libre, et que vos ennemis ne se doutent
pas...

FRÉDÉRIC. Avez-vous peur?

PÉTRUS. Non certes... j'ai foi au succès...
sans cela...

FRÉDÉRIC. Allez, et venez me retrouver
ici... Allez! (*Pétrus sort.*) Et vous, madame, songez que j'ai encore besoin du secret le plus absolu...

WILHELMINE. Prince, la discrétion est chez
nous une vertu de race.

____

* Wilhelmine, Frédéric, Pétrus.

SCÈNE VII.

WILHELMINE, ALBERTA, FRÉDÉRIC.

ALBERTA, *tenant un bouquet*. Me voilà ! tenez, mon cousin, le trouvez-vous joli ? je me suis souvenue des couleurs que vous préfériez... seulement ces roses-là sont moins brillantes que celles de France... mais elles ont plus de parfum... Aïe, je me suis un peu piqué le doigt...

FRÉDÉRIC. Quoi !

ALBERTA. Oh ! ce ne sera rien.

WILHELMINE, *bas, à Alberta*. Chut donc ! quelle familiarité !

ALBERTA. Pourquoi pas ?... avec mon cousin... n'est-ce pas, Frédéric, que c'est tout naturel ?

FRÉDÉRIC, *avec préoccupation*. Oui, oui, chère Alberta, mais pardon. (*A Wilhelmine.*) Je voudrais écrire quelques mots. (*A part.*) Cette adresse, ce projet de proclamation...

WILHELMINE. Bien, mon neveu, mon noble neveu ; là, à côté, tout ce qu'il vous faut, tenez...

Passant du côté de la porte à droite.

FRÉDÉRIC. Fort bien, fort bien...

ALBERTA. Que de cérémonie !... laissez-le donc, ma tante.

SCÈNE VIII.

ALBERTA, WILHELMINE.

WILHELMINE. Dieu ! que vous avez peu de réserve, ma pauvre Alberta ! parler ainsi à un.....

ALBERTA. Plaît-il ?

WILHELMINE. A un jeune homme dont l'avenir... Oh ! comme vous rougiriez de votre étourderie si vous saviez...

ALBERTA. Quoi donc ?

WILHELMINE. Rien... car il faut justement que vous ignoriez...

ALBERTA. Alors, il y a donc quelque chose ?

WILHELMINE. Mais non, mais non... Oh ! ces jeunes filles sont curieuses... Il n'y a pas de secret qui tienne... Allons, allons, je m'en vais pour ne rien dire... c'est plus sûr... ça m'étoufferait... Je vais à ma toilette ; au moins, là, toute seule, je pourrai parler sans me compromettre... Restez, restez. (*A part, en sortant.*) Grand-duc !

Elle sort à gauche.

SCÈNE IX.

ALBERTA, *seule*.

Qu'est-ce qu'elle veut dire ? des reproches ?

que se passe-t-il donc ici ?... qu'est-ce que j'ai dit de mal ? qu'est-ce que j'ai fait ? J'ai beau chercher, je ne trouve rien.

Air :

Ce que je dois à mon cousin,
Ce n'est pas du respect, je pense,
C'est une douce confiance,
C'est du dévoûment, c'est enfin
Une affection bien constante,
Dont rien ne saurait approcher...
Et sous ce rapport-là, ma tante,
On n'a rien à me reprocher.

Et mon cousin, distrait, préoccupé ! Je suis sûre que c'est ma tante, avec sa politique... Un jeune homme !... ça a si peu de patience ! il devrait penser que je suis là... dorénavant, je ne le quitterai plus. (*Voyant le bouquet que Frédéric a laissé sur la table, au fond à droite.*) Ah ! mon bouquet ! il ne l'a seulement pas pris... c'était bien la peine !...

Elle effeuille le bouquet avec dépit.

SCÈNE X.

LE BARON, ALBERTA.

LE BARON, *à part, en entrant*. Si mes informations sont exactes, voilà bien l'ermitage de Rosen-Grün... c'est ici que la vieille comtesse doit demeurer... quand j'y pense... une habitation si modeste !... (*Voyant Alberta.*) Une jeune fille !... si c'était !... mon instinct diplomatique m'aurait bien servi... (*Haut.*) Mademoiselle...

ALBERTA. Un étranger !

LE BARON. Rassurez-vous... je suis un voyageur, un ami de la nature... J'herborisais dans la campagne... j'ai gravi, sans y songer, la rampe de cette colline, un peu... escarpée, et je vous demande la permission de me reposer un instant... (*A part.*) Ce début est assez adroit.

ALBERTA. Souffrez, monsieur, que j'aille prévenir...

LE BARON. Oh ! ne dérangez personne, je vous en prie... laissez-moi plutôt bénir le ciel qui dans ce paradis des roses, comme le nom même l'indique, a placé sur mon passage la plus suave et la plus brillante.

ALBERTA. Oh ! quel compliment !

LE BARON, *à part*. Diable ! le parfum de cour se trahit... prenons garde...

ALBERTA. Asseyez-vous, monsieur... (*Le Baron refuse.*) Puisque vous dites que vous êtes fatigué...

LE BARON. C'est juste... en vous voyant, je l'oubliais *... (*Il s'assied, et à part.*) Dire que ce serait elle !

ALBERT, *à part*. Qu'a-t-il donc à me regarder ?

* Alberta, le Baron.

LE BARON, *à part.* C'est ici, baron de Rosencrantz, qu'il faut déployer préalablement toute ton habileté!... (*Haut.*) Vous demeurez seule ici, mademoiselle?

ALBERTA. Oui, monsieur... seule... avec ma tante.

LE BARON, *à part.* C'est bien cela... Tâchons de m'éclairer d'avance sur son caractère, son humeur... (*Se levant et la regardant.*) Air ingénu... mais ces petites filles!... il ne faut pas toujours se fier...

ALBERTA. Vous dites, monsieur?...

LE BARON. Je dis, mademoiselle, que cette retraite doit vous paraître assez ennuyeuse.

ALBERTA. Au contraire, monsieur, je m'y plais beaucoup.

LE BARON. Au fait, elle me paraît charmante... il me semble pourtant que vos occupations, nécessairement un peu monotones...

ALBERTA. Au contraire, monsieur, elles sont très-variées.

LE BARON. Au fait, elles peuvent être très-variées.

ALBERTA. D'abord, des ouvrages à l'aiguille, et puis les soins du jardinage... car j'élève les plus beaux rosiers, ces fameux rosiers de Rosen-Grün... vous avez dû les remarquer en entrant...

LE BARON. Moi?..

ALBERTA. Puisque vous êtes botaniste.

LE BARON. C'est juste... j'étais né pour la vie champêtre!... (*A part.*) Si je n'étais pas ministre de la police!

ALBERTA. Ensuite il y a bien autre chose! toute ma petite famille à surveiller!

LE BARON. Comment? votre famille?

ALBERTA. Mes oiseaux... J'en ai de toutes les espèces... ils ont chacun leur caractère... j'étudie cela... c'est toute une république...

LE BARON. Ou un royaume... c'est très-difficile à gouverner.

ALBERTA. Oh! ne m'en parlez pas.

LE BARON. Nous nous entendons... mais madame votre tante...

ALBERTA. Ma tante relit tous les matins ses chroniques allemandes, et son blason... elle me parle politique, généalogie...

LE BARON. Et vous?

ALBERTA. Moi, je n'écoute pas... cela m'intéresse si peu!

LE BARON, *à part.* C'est une perle... voilà ce que nous pouvions désirer de mieux... c'est l'âge d'or dans toute sa pureté... applaudis-toi, Rosencrantz, tu es un heureux diplomate! (*Haut.*) Mademoiselle, je retourne à Blenthall, où j'ai quitté mon escorte... c'est-à-dire mes gens...

ALBERTA *. Mon Dieu, monsieur, si vous vouliez attendre un peu, je pourrais vous of-

* Le Baron, Alberta.

frir à déjeuner... c'est vrai... mon cousin n'a rien laissé.

LE BARON. Votre cousin! quel cousin?...

ALBERTA. Eh bien, mon cousin Frédéric, qui est venu hier au soir.

LE BARON. Frédéric?

ALBERTA. Frédéric-Auguste.

LE BARON. Allons donc! le jeune Frédéric? celui dont le père fut exilé?... celui qui a pris du service dans l'armée française?... il est bien loin d'ici.

ALBERTA. Mais non.

LE BARON. Comment! est-ce qu'il n'est plus en Amérique?

ALBERTA. Puisqu'il est ici.

LE BARON. Il est ici!... Ah mon Dieu! quelle découverte! quel danger inattendu!... Comment! je venais voir l'une, et c'est l'autre, celui que nous avons proscrit... Que faire, mon Dieu!... que devenir?... Si au moins mon collègue était là, le ministre de la guerre...

ALBERTA. Eh mais, monsieur, vous avez l'air tout agité... c'est étrange comme tout le monde est préoccupé aujourd'hui!... pourtant un botaniste...

LE BARON. Ce n'est rien. (*A part.*) Contenons-nous. (*Haut.*) Ainsi votre cousin, le jeune Frédéric, est là?...

ALBERTA, *montrant la chambre à droite.* A côté.

LE BARON. Ah!... à côté... et il s'occupe tranquillement comme vous?...

ALBERTA, *mystérieusement.* Oh! non... il a quelque projet en tête, c'est sûr... et pourtant que peut-il désirer auprès de nous, qui l'aimons tant... de nous, sa seule famille?... voilà ce qui m'inquiète...

LE BARON, *à part.* Et moi, donc!

ALBERTA, *ouvrant la porte à gauche.* Il écrit toujours... mais à qui?...

LE BARON, *à part.* Nul doute, il a des projets... O Dieu! s'il nous échappait!... Mais comment l'empêcher?... je n'ai là personne...

<hr>

SCÈNE XI.

LE BARON, PÉTRUS, ALBERTA.

PÉTRUS, *à part.* Qu'ai-je vu tout à l'heure à Blenthall?... un piquet de hussards, et des gens de la suite du baron?... serions-nous découverts?... (*Apercevant le Baron.*) O ciel! le baron lui-même!...

LE BARON. Ah!... Pétrus!... mon ancien secrétaire...

ALBERTA. Tiens! notre voisin Pétrus!...

PÉTRUS, *allant vers le Baron, sur un signe de celui-ci. A part.* Oh! la mine est éventée... nous sommes perdus!...

LE BARON. C'est le ciel qui me l'envoie!... (*Bas.*) Pétrus!... vous fûtes toujours un fidèle serviteur.

PÉTRUS. Vous aviez mes serments.

LE BARON, *bas.* Quelques démêlés nous ont séparés... Écoutez : vous pouvez en ce moment me donner... donner à l'état une grande preuve de dévouement... Apprenez que le prince Frédéric est ici.

PÉTRUS. Ah! le prince?...

LE BARON. Là... dans cette chambre... Il s'agirait d'un coup hardi!... la récompense ne se ferait pas attendre... celle que vous avez désirée si longtemps... Il faut, dès que le prince aura franchi la frontière...

PÉTRUS. Quoi donc?

LE BARON. L'arrêter.

PÉTRUS. Hein?... l'arrêter!...

LE BARON, *voyant Alberta s'approcher.* Chut!

ALBERTA. Bonjour, monsieur Pétrus!... comment se porte Marguerite, votre vieille gouvernante?

PÉTRUS, *troublé.* Très-bien, très-bien... toujours malade.

ALBERTA, *étonnée.* Ah!... dites - moi; les deux plants de tulipes que je vous ai donnés viennent-ils bien dans votre jardin?

PÉTRUS, *de même.* Très - bien... très-bien... ils sont morts.

ALBERTA. Par exemple !... encore un !... Vous ne savez pas... mon cousin est ici... vous allez le voir...

LE BARON, *à Pétrus.* Vite, à Blenthall... venez...

PÉTRUS, *au Baron.* Quoi! décidément, la cause du prince...

LE BARON. Perdue!... entièrement perdue!...

PÉTRUS. Alors... je dois vous obéir.

LE BARON, *à part.* Ce que c'est que d'avoir de la tête... (*A Alberta.*) Je vous quitte, mademoiselle...

ALBERTA. Vous n'attendez pas mon cousin?...

LE BARON. Non. (*A part.*) Je ne me soucie pas de me trouver face à face avec lui... (*Haut.*) J'aurai peut-être l'honneur de vous revoir... dans une circonstance qui... alors, vous apprécierez une démarche que... rappelez-vous que j'ai été le premier à vous présenter mes respects.

PÉTRUS. Et moi le second.

Ils sortent.

SCÈNE XII.

ALBERTA, *puis* FRÉDÉRIC.

ALBERTA. Quel trouble!... je n'y comprends rien...

FRÉDÉRIC, *entrant.* Maintenant, me voilà prêt; Pétrus peut venir. Ah! chère Alberta, je vous cherchais pour vous faire mes adieux.

ALBERTA. Vos adieux!... déjà!... seriez-vous mécontent de notre accueil?... Mon Dieu! j'ai fait ce que j'ai pu.

FRÉDÉRIC. Ah! chère cousine... ne croyez pas...

ALBERTA. Ah! c'est mal... vous m'aviez presque promis...

FRÉDÉRIC. Oh! promis!... Franchement, ma pauvre enfant... avez-vous pu penser qu'à mon âge, avec le nom que je porte, je me résignerais à végéter, là, au milieu des champs, en toute innocence de cœur?

ALBERTA. Comment?

FRÉDÉRIC. En conscience, puis-je m'arrêter longtemps à des enfantillages, charmants, sans doute, mais qui ne conviennent plus à un homme?

ALBERTA. Des enfantillages!

FRÉDÉRIC. Oui; à votre âge vous ne savez pas encore faire la différence entre un homme actif, vaillant, généreux, et ces êtres oisifs, sans cœur et sans idées, qui naissent, vivent et meurent comme vos plantes, attachés à la même place... Plus tard, quand il vous faudra choisir un mari, vous comprendrez, ma chère petite cousine, qu'il est des devoirs sacrés auxquels on ne peut pas faillir, sous peine de se manquer à soi-même.

ALBERTA. C'est possible, mon cousin; je n'ai pas encore fait toutes ces réflexions-là... et parce que je désirais vous retenir dans notre voisinage, je ne croyais pas avoir mérité une leçon...

FRÉDÉRIC. Pardon, chère Alberta; c'est que mille idées nouvelles... ou plutôt une seule... une idée fixe... quand on est engagé dans une entreprise importante...

ALBERTA. Une entreprise!...

FRÉDÉRIC. Que je ne puis vous confier...

ALBERTA. Vous qui me disiez tout autrefois... Ah! sans doute, je n'ai pas encore assez de jugement ni d'expérience... alors, c'est donc une sorte d'instinct qui m'avertit? A l'espèce d'agitation que j'ai remarquée ici, à quelques mots que j'ai cru saisir, au ton si froid, si sérieux que vous prenez avec moi, il me semble... que vous courez quelque danger; et c'est là ce qui m'effraye.

FRÉDÉRIC. Des dangers!...

ALBERTA. Oui... Tenez, j'ignore ce que vous allez faire, mais si vous vouliez être prudent, réfléchir un peu...

FRÉDÉRIC. Il y a des moments où réfléchir c'est être lâche.

ALBERTA. Allons, je dis prudence, il répond lâcheté... nous ne nous entendons plus du tout... c'est que tout à l'heure un inconnu est venu ici.

FRÉDÉRIC. Un inconnu !... où est-il ?...

ALBERTA. Il est sorti avec monsieur Pétrus.

FRÉDÉRIC. Avec Pétrus, un ami dévoué !... Ah ! que ne le disiez-vous plus tôt !... et moi qui l'attendais... il est sans doute à Hérendorf !... Rassurez-vous, Alberta ; vos alarmes étaient fausses... Merci cependant de l'intérêt qu'elles témoignent... Je ne sais encore, chère cousine, quel avenir m'est réservé ; en tous cas, soyez sûre de mon inaltérable affection.

ALBERTA. Ah !

FRÉDÉRIC. Pour vous, je le prévois, vos goûts modestes, vos habitudes, vous retiendront dans cet ermitage... Pauvre enfant, vous n'avez été élevée ni pour le faste des cours ni pour le fracas du monde...

ALBERTA. Cela doit être vrai, puisque vous le dites.

FRÉDÉRIC.

AIR :

Ainsi qu'une humble violette,
Restez à l'ombre de vos bois ;
Votre vie est calme et discrète,
La nôtre cède à d'autres lois.
Que sur nous le sort se déchaîne,
Ses coups n'iront pas vous chercher ;
La foudre qui brise le chêne
S'éloignera sans vous toucher.

Mais soyez tranquille ; de loin comme de près je veux m'occuper de votre bonheur.

ALBERTA. De loin ?... merci, mon cousin.

FRÉDÉRIC. Plus tard enfin, dans quelques années, on pourra vous choisir un brillant parti.

ALBERTA. C'est trop de bonté... je crains... pardon... je crains que vous ne vous y connaissiez pas.

FRÉDÉRIC. Oh !... nous verrons... Mais le temps presse... adieu.

ALBERTA. Que le ciel vous conduise, mon cousin.

FRÉDÉRIC. Et si nous ne devons plus nous revoir...

ALBERTA. Que dites-vous ?

FRÉDÉRIC. Pensez toujours que vous avez un ami... qui, de son côté, ne vous oubliera jamais... Allons, ma petite cousine, un baiser de frère comme autrefois.

Il l'embrasse sur le front.

ALBERTA, très-émue. Ah !...

FRÉDÉRIC, avec effort. Partons.

Il sort.

SCÈNE XIII.

ALBERTA, seule.

Si nous ne devons plus nous revoir !... Quel langage ! il m'offre sa protection... ses bienfaits... et dans l'avenir, un bonheur... dont je n'ai que faire. L'avenir !... il me semble que j'en avais rêvé un autre !... Hélas ! je me figurais que nos deux existences devaient s'écouler ensemble. J'étais si contente ce matin encore !... Quand je lui contais mes occupations, mes plaisirs, il avait l'air d'y prendre tant d'intérêt !... Et pas du tout ! cet intérêt il ne l'éprouvait pas... il s'amusait tout bas de ma simplicité, de mon enfantillage !... Oh ! c'est mal, c'est bien mal... Et cette lettre de mon père ! il ne l'a donc pas lue ? Ah ! que je suis honteuse de la lui avoir remise !... Pourquoi est-il venu ici ? Hier encore je pensais à lui bien doucement, sans chagrin... A présent que vais-je faire de mes journées ? Comme cette demeure va me paraître vide !... Oh ! je veux la quitter, aller bien loin... en France... chercher des souvenirs... Oh ! non ! plus rien du passé, plus rien de lui... Ah ! je ne veux plus me le figurer tel qu'il était autrefois, bon, aimable et sincère. Le Frédéric d'alors, je ne le connais plus, il n'existe plus, c'est celui-là que je pleure... car je ne peux pas m'en empêcher.

SCÈNE XIV.

WILHELMINE, ALBERTA.

WILHELMINE, en grande parure. Me voilà toute prête ! Alberta !

ALBERTA. Ma tante !

WILHELMINE. Comment me trouvez-vous ? C'est un faible débris de mon ancienne garde-robe... Quand on a l'honneur de compter une altesse dans sa famille.

ALBERTA. Une altesse !

WILHELMINE. Ah ! mon Dieu ! c'était un secret !

ALBERTA. Qui ? Frédéric ? mon cousin ?

WILHELMINE. Eh oui !... Depuis que nous sommes retirées ici, les événements... ont marché... la Saxe... le trône vacant...

ALBERTA. O ciel !

WILHELMINE. Vous n'en direz rien, je me fie à vous .. la discrétion est chez nous une vertu de race...

ALBERTA. Ah ! tout-à-l'heure... ce qu'il me disait... je comprends maintenant... c'était en prince qu'il me parlait ! et moi qui voulais le retenir !... folle que j'étais !

WILHELMINE. Eh bien, où donc est-il?

ALBERTA. Mon cousin?

WILHELMINE. Son altesse le grand duc.

ALBERTA. Il est parti.

WILHELMINE. Parti!... sans m'embrasser!... Eh! mais ce bruit! (*Allant au fond.*) Quelle est cette foule? que veulent ces étrangers? Ah! ma nièce, si je ne me trompe, c'est lui, c'est le prince qui vient réparer son oubli.

ALBERTA. Lui! non, ma tante, il n'est pas là, je l'aurais bien vu tout de suite. Eh mon Dieu!... jamais tant de monde n'est entré ici!

SCÈNE XV.

ALBERTA, WILHELMINE, LE BARON, PÉTRUS, QUELQUES GENTILSHOMMES, PAYSANS, VALETS *au fond.*

CHŒUR *du Domino noir.*

Au fond d'un obscur village,
Dans cet asile écarté,
Nous venons tous rendre hommage
Aux vertus, à la beauté.

WILHELMINE. Qu'est-ce donc?

LE BARON, *à Wilhelmine.* Rassurez-vous madame la comtesse; il s'agit d'une des plus hautes affaires de l'État... par l'État, j'entends la Saxe...

WILHELMINE. Ah! monsieur, vous venez rendre hommage au grand-duc Frédéric.

LE BARON. Frédéric! il s'agit bien vraiment!...

WILHELMINE. Mais pourtant.

LE BARON. Vous savez trop bien, mesdames, que le prince Frédéric, ayant accepté du service en pays étranger, est déchu, aux termes de nos lois, de toutes ses prétentions à la couronne.

WILHELMINE. Est-il possible?

ALBERTA. Quoi? mon cousin!...

LE BARON. Les Etats ont pris à ce sujet une décision à laquelle j'ose dire que j'ai puissamment contribué.

ALBERTA. Vous, monsieur. (*A part.*) Moi qui le croyais un honnête homme!... (*Haut.*) Mais c'est affreux cela, et une telle conduite...

LE BARON. Suspendez votre jugement, charmante Alberta. (*Solennellement.*) Moi, baron de Rosencrantz, au nom de ces mêmes Etats dont je suis ici le représentant, je viens vous annoncer que la Saxe attend sa souveraine.

WILHELMINE *et* ALBERTA. Une souveraine!

LE BARON. Pour lui rendre les hommages qui lui sont dus.

WILHELMINE. Veuillez vous expliquer.

LE BARON. Une seconde décision, à laquelle je me flatte aussi d'avoir puissamment contribué, a corrigé une erreur de notre loi fondamentale, en appelant au trône une personne que son sexe semblait devoir en écarter; et cette personne, si digne à tous égards d'une exception éclatante, c'est la princesse Eléonore Alberta.

ALBERTA. Moi!

WILHELMINE. Ma nièce!

LE BARON. Elle-même... destinée à prouver combien la loi réformée était injuste, puisqu'une femme, entourée de ministres habiles... je suis celui de la police, ne peut que rehausser la majesté du trône.

PÉTRUS. Vive la grande duchesse!

TOUS. Vive la grande duchesse!

ALBERTA, *passant devant sa tante.* Mais non, monsieur Pétrus, taisez-vous donc; cela n'est pas possible... et c'est bien peu généreux à vous de plaisanter ainsi.

PÉTRUS. Plaisanter! qui oserait?

ALBERTA. Moi! grande duchesse; non, non; on me le disait encore tout à l'heure, je ne suis faite ni pour la cour, ni pour le monde...

LE BARON. Charmante modestie! mais elle aveugle votre altesse. Un simple entretien m'a suffi pour l'apprécier.

ALBERTA. Non, laissez-moi... je ne veux pas... je ne veux pas...

WILHELMINE. Ma nièce!

LE BARON. Qu'entends-je?

PÉTRUS *et* WILHELMINE. Refuser!

ALBERTA. Oui, ma tante; oui, messieurs; cette couronne ne convenait qu'à mon cousin, et si vous vouliez la lui rendre...

LE BARON. Y songez-vous? les Etats...

ALBERTA. Mon Dieu! avec une troisième décision... à laquelle vous contribueriez... puissamment...

LE BARON. Eh bien, s'il faut vous le dire, des mesures irrévocables ont été prises... convaincu d'intelligences secrètes avec les factieux, le prince vient d'être arrêté.

ALBERTA *et* WILHELMINE. Arrêté!...

ALBERTA, *passant vers Pétrus.* Arrêté!... lui!... Est-il bien vrai, monsieur Pétrus?...

PÉTRUS, *à Alberta.* J'ai voulu l'avertir...

ALBERTA. Et vous n'avez pas pu le sauver?... vous, son ami dévoué...

PÉTRUS. D'ailleurs, tout dévoué à votre altesse.

LE BARON. On l'a conduit au château de Blutzen, où on l'a laissé sous bonne garde.

ALBERTA, *à part.* Ah mon Dieu! mon pauvre cousin!

LE BARON. Et il doit y rester, tant que le salut de l'Etat l'exigera... Vous voyez bien que maintenant votre altesse ne peut plus hésiter. Eh bien?...

ALBERTA, *avec effort.* Eh bien... messieurs... puisqu'il est question du salut de

l'Etat, puisque ce sacrifice est nécessaire...
j'accepte.

TOUS. Vive la grande duchesse!

Alberta revient vers sa tante comme effrayée du bruit.

WILHELMINE. La grande duchesse, ma nièce!

LE BARON. Et dès à présent, devançant ici l'auguste cérémonie, nous prêtons serment de fidélité à son altessse Alberta Ire, grande duchesse de Saxe-Meiningen.

PÉTRUS. Recevez nos serments!

ALBERTA, à Wilhelmine. Ah mon Dieu!... comment vais-je faire?...

WILHELMINE, à Alberta. Pauvre enfant! heureusement, je suis là. Je ne te quitte plus.

LE BARON. Maintenant, je dois prendre les ordres de votre altesse pour le départ.

ALBERTA. Comment?... déjà!

LE BARON. Une minute de retard dans les circonstances...

WILHELMINE. Eh bien, hâtons-nous.

LE BARON. Mon carrosse est là, tout près... si votre altesse daigne y monter... nous trouverons à Blutzen les équipages de la cour, et tout l'appareil nécessaire.

ALBERTA. A Blutzen! où est ce château fort... partons.

CHŒUR.

Quel bonheur!

Témoignons-tous notre ivresse!
Quel bonheur!
Quel honneur!
La voilà princesse!

ALBERTA.

Adieu donc, notre pauvre chaumière!

WILHELMINE.

Habiter la demeure princière!
Ah! quel bonheur!

ALBERTA.

Quelle douleur j'éprouve au fond du cœur!

WILHELMINE.

Je brille enfin!

ALBERTA.

Pauvre cousin!
Quel sera son destin.

Pardon, un moment encore. Ah! ma tante, dites, je vous en prie, qu'on ait bien soin de ma volière...

WILHELMINE. Par exemple!

ALBERTA. Oh! oui!... et de mes deux petites chèvres blanches... Ah! et de mes rosiers aussi...

WILHELMINE. C'est bien, c'est bien.

LE BARON, à part. J'avais raison; c'est une enfant.

PÉTRUS, à part. C'est bien la princesse qu'il leur faut.

Reprise du chœur; le baron offre la main à Alberta;
tout le monde suit en s'inclinant.

ACTE DEUXIÈME.

Au Palais ducal de Meiningen.

Un grand salon; portes au fond, portes latérales, une fenêtre, table garnie, etc.

SCÈNE PREMIÈRE.

Au lever du rideau, le COMTE DE MISTERTOFF, *seul, est assis à la table à gauche et écrit, puis un* HUISSIER.

MISTERTOFF.

« Vous prendrez d'ailleurs, colonel, toutes » les mesures nécessaires pour assurer la » tranquillité de la résidence, et surtout...» (*S'interrompant.*) Qu'est-ce que j'allais oublier!... « Vous ferez doubler la garde de » mon hôtel... » C'est cela..... « Vous ferez » tripler la garde de mon hôtel. Le ministre » de la guerre, comte de MISTERTOFF. » (*Il sonne; un huissier parait. A l'huissier, en lui remettant la dépêche.*) Pas de nouveau courrier ce matin?

L'HUISSIER. Non, monseigneur.

Il sort.

MISTERTOFF, *seul.* La nouvelle que le baron m'a fait parvenir hier au soir ne me laisse pas une minute de repos!... le prince Frédéric sur la frontière!... C'est donc pour cela que le major Daunitz a reparu à Meiningen depuis deux jours..... Heureusement, morbleu, ils ont affaire à un de ces hommes d'action!... J'ai décidé les Etats à proclamer une grande duchesse!... Sans ce hardi coup de tête... l'interrègne commençait à devenir inquiétant!... Mais la princesse est-elle en route?... On ne peut pas vivre dans cette incertitude... (*Il va à la fenêtre; on entend des acclamations en dehors; se reculant vivement.*) Ah! mon Dieu! qu'est-ce que c'est que ça?... Ce n'est rien... des acclamations en mon honneur... Seulement, que diable!... cette populace pourrait crier moins fort... toujours des secousses!... Autrefois le palais était si tranquille!... rien ne troublait nos parties d'échecs, quand j'étonnais feu le grand-duc par mes combinaisons... (*Se rapprochant un peu de la fenêtre.*) Ils sont partis... tant mieux... je n'aime pas à voir ces masses de bourgeois... C'est qu'un homme de guerre, morbleu! doit prévoir tous les périls... (*Regardant en dehors.*) Rien encore!... ce baron de Rosencrantz!... J'ai peut-être eu tort de me fier à lui... si je n'avais écouté que mon ardeur, j'aurais volé moi-même... mais, dans une pareille crise, le premier poste d'un homme d'action, c'est le siége du gouvernement.

SCÈNE II.

MISTERTOFF, LE BARON.

LE BARON. Me voilà!

MISTERTOFF, *reculant.* Morbleu, mon cher, vous auriez bien pu entrer plus doucement! Eh bien?

LE BARON. Ah! laissez-moi respirer, monsieur le comte.

MISTERTOFF. Voyons, que s'est-il passé? Le prince, ce jeune fier-à-bras..... la princesse...

LE BARON. Je vous annonce son arrivée.

MISTERTOFF, *effrayé.* L'arrivée du prince?

LE BARON. Eh non! c'est la princesse qui approche.

MISTERTOFF. Ah bon!... Et le prince?

LE BARON. Il est arrêté.

MISTERTOFF. Eh! morbleu! pourquoi ne pas le dire tout de suite? est-il bien arrêté?... c'est que s'il s'échappait, il serait capable de venir nous mettre à feu et à sang!... Ce n'est pas que je craigne... morbleu!... mais, faire des victimes!... Et si le duché nous perdait! moi, surtout...

LE BARON. Il n'y a pas de danger... il est enfermé au château de Blutzen, et bien recommandé, je vous assure.

MISTERTOFF, *respirant.* Ah!... très-bien, morbleu; très-bien!... (*Riant.*) Echec au roi! Ah! ah! ah! et mat!... (*Il se frotte les mains.*) Après ça, ouvrez-moi un champ de bataille, et nous verrons!... Ah ça, et la grande duchesse?...

LE BARON. Je l'ai laissée aux portes de la ville... elle écoute la harangue du bourgmestre... moi, j'ai pris alors les devants pour me concerter avec vous, et pour préparer sa réception.

MISTERTOFF, *lui prenant la main.* Baron de Rosencrantz, vous êtes un habile diplomate.

LE BARON, *lui prenant la main.* Comte de Mistertoff, vous êtes un grand et audacieux ministre.

MISTERTOFF, *même jeu.* Dites, baron, que nous sommes dignes l'un de l'autre... A présent, qu'est-ce que nous allons faire?

LE BARON. D'abord... ainsi que nous avons été forcés d'en convenir, le salut de l'état exige que nous gardions les rênes du pouvoir.

MISTERTOFF. Bien entendu... c'est un devoir.

LE BARON. Quant à cela, rien de plus facile.

MISTERTOFF. Vous avez observé la petite princesse?

LE BARON. Une innocente campagnarde sans caractère... des propos frivoles... Tout à l'heure encore, une joie d'enfant quand les jeunes filles de la ville sont allées lui présenter les bouquets et les dragées d'usage.

MISTERTOFF. Prémices des douceurs de son règne. Très-bien, le pouvoir nous reste; c'est convenu... à présent, toujours la même difficulté... qu'est-ce que nous allons faire?

LE BARON. Voilà... D'abord, dans des moments si critiques, on ne saurait employer trop de précautions.

MISTERTOFF. A qui le dites-vous? je ferai encore augmenter la garde de mon hôtel. Quant au reste, nous sommes bien bornés... dans nos ressources militaires... ces bourgeois nous ont fait faire tant d'économies! heureusement le prince de Hesse-Cassel m'a offert un régiment... entre voisins, un régiment, ça se prête, ça se rend...

LE BARON. Prenez garde, le prince de Hesse-Cassel, qui a lui-même des prétentions...

MISTERTOFF. J'y ai bien pensé... Mais que diable voulez-vous? un homme d'action doit aviser au plus pressé...

LE BARON. Eh mais... une idée qui me vient!...

MISTERTOFF. Bah!

LE BARON. Un vrai diplomate n'est jamais pris au dépourvu... le prince de Hesse-Cassel est aimable, généreux, aimant le plaisir, une alliance entre les deux cours ne m'effrayerait pas... Et vous?...

MISTERTOFF. Moi? est-ce que je m'effraie jamais?... (*On entend en dehors des acclamations.*) Hein? qu'est-ce que c'est que ça encore?...

LE BARON. La princesse qui arrive.

MISTERTOFF. Déjà?... préparons-nous. (*On entend le canon.*) Bon! le canon, à présent!... ils n'y pensent pas... une femme! cela peut lui ébranler les nerfs; ce n'est pas comme nous autres militaires!...

On crie en dehors : Vive la grande duchesse!

LE BARON. Je vais la recevoir au bas des degrés... Ah! mon Dieu!... elle est déjà en haut.

SCÈNE III.

WILHELMINE, ALBERTA, *vêtue comme au premier acte, mais sans chapeau, et portant le grand-cordon;* LE BARON, MISTERTOFF, DEUX CONSEILLERS, PAGES, DAMES D'HONNEUR, CHAMBELLANS, SUITE.

CHŒUR.

AIR *du Domino noir.*

A son altesse
Chacun s'empresse
De rendre un honneur mérité ;
Elle s'avance,
Et sa puissance
N'a d'égale que sa beauté.

ALBERTA.

Ah ! quelle splendeur
Tout à coup m'environne!
Vraiment, je m'étonne
De ma propre grandeur.

REPRISE DU CHŒUR.

ALBERTA, *regardant autour d'elle.* Ah ! ma tante... voyez donc! le beau palais, les grands appartements, et des jardins, des jardins magnifiques!... Ah ! que je voudrais !...

WILHELMINE, *à Alberta.* Chut! ma nièce; prenez une contenance... on va vous haranguer.

ALBERTA. Encore !... *

MISTERTOFF, *se posant.* Heim! heim !... madame... excusez la franchise d'un soldat incapable de farder son énergique enthousiasme; un homme d'action n'a que son épée... mais je le jure, si le service de votre altesse l'exigeait, je finirais bien par la tirer; et morbleu !... ah ! pardon !...

ALBERTA. C'est monsieur de Mistertoff que j'ai le plaisir d'entendre?... un grand guerrier, je crois, célèbre par ses victoires?...

MISTERTOFF, *à part.* Elle confond... nous avons eu un Mistertoff... (*Haut.*) La longue paix dont nous avons joui ne m'a pas souvent permis... ne m'a pas encore... ne m'a jamais permis... (*Au Baron.*) A votre tour, baron.

Il repasse à droite.

LE BARON, *montrant les deux Conseillers.* Madame, j'ai l'honneur de vous présenter deux des plus dignes présidents du conseil aulique, avec lesquels nous avons le bonheur d'être toujours d'accord... Messieurs de Muttemberg et de Grossborn. Maintenant, pour parer au plus pressé, si votre altesse voulait composer sa maison, j'aurais déjà l'honneur

* Wilhelmine, Alberta, Mistertoff, le Baron.

de lui proposer pour surintendante madame la baronne de Rosencrantz, mon épouse, dont la maturité...

ALBERTA. Certainement... nous verrons, nous apprécierons... un peu plus tard... en attendant, j'ai ma tante...

LE BARON. Plaît-il?

WILHELMINE, *faisant une révérence.* Monsieur le baron...

LE BARON, *saluant.* Madame la comtesse. (*A part.*) Qui diable se serait douté?

MISTERTOFF, *s'avançant.* Quant à moi, madame, si j'osais vous offrir pour majordome mon propre neveu, un jeune héros, prêt, comme son oncle, à verser tout son sang...

ALBERTA. Comment donc, monsieur le comte! un des vôtres... je serais enchantée... seulement, je me rappelle qu'hier au soir, un de nos fidèles sujets nous a demandé cette place...

MISTERTOFF. Ah! qui donc ?

ALBERTA. Notre voisin Pétrus, l'homme de confiance de monsieur le ministre de la police... nous n'avons pas pu le refuser.

MISTERTOFF, *à part.* Comment! elle a déjà des créatures?

LE BARON. Eh mais, je ne le vois pas, ce Pétrus... où est-il donc?

ALBERTA. Oh! ne vous inquiétez pas... je sais; maintenant, messieurs, je suppose que tout est réglé?

LE BARON. Pardon, madame; si je ne craignais pas d'abuser des moments de votre altesse, une foule d'affaires en retard, une centaine de signatures à donner...

ALBERTA. Eh mais, sans doute, quand vous voudrez..... seulement, la fatigue du voyage! Ah! mon Dieu, voyez donc comme ma tante est pâle et abattue !

WILHELMINE. Moi?

MISTERTOFF. C'est vrai.

ALBERTA. On dirait qu'elle est prête à se trouver mal... Pauvre tante! je ne vous quitte pas... Pardon, messieurs; il faut bien remettre les affaires...

LE BARON. Eh bien, dans une heure... si votre altesse...

ALBERTA. Oui, dans une heure, deux heures, je serai toujours prête... Ah ! je vous en prie, faites en sorte que personne ne vienne nous troubler... Je vous salue, messieurs.

MISTERTOFF, *au Baron.* Ah ça, mais elle nous congédie...

LE BARON, *à Mistertoff.* Patience, elle n'est pas encore habituée... on la formera... je vous réponds d'elle. (*Haut.*) Madame, les appartements ducaux ont été préparés pour vous recevoir; plus tard nous reviendrons prendre vos ordres.

Pendant le chœur, les dames d'honneur posent sur la table à droite des bouquets et des sacs de dragées.

SCÈNE IV.

WILHELMINE, ALBERTA.

ALBERTA, *à part.* Enfin! ma tante seule peut me servir.

WILHELMINE. Ah ça, ma nièce, qu'est-ce que vous dites donc de ma santé?

ALBERTA. Il fallait bien les éloigner... une affaire très-grave.

WILHELMINE. Déjà des affaires?

ALBERTA. Ne faut-il pas que je vous la confie, à vous d'abord, de préférence à toute autre, et n'est-ce pas mon devoir de recourir à vos conseils?

WILHELMINE. Toujours, ma nièce, toujours... voyez déjà comme ils vous ont profité! ce petit air de dignité... c'est mon ouvrage...

ALBERTA. Eh bien, hier au soir, quand nous nous sommes arrêtées au château de Blutzen, où l'on avait renfermé mon cousin...

WILHELMINE. Ce redoutable factieux.

ALBERTA. J'y ai laissé Pétrus, avec un ordre.

WILHELMINE. Un ordre?

ALBERTA. Un petit ordre... pour en tirer le prisonnier.

WILHELMINE. Plaît-il?

ALBERTA. Et pour l'amener ici, en secret, dans une voiture bien fermée, avec toutes sortes de précautions.

WILHELMINE. Ah! malheureuse enfant! quelle imprudence!

ALBERTA. Mais au contraire, ma tante!

WILHELMINE. Comment, au contraire!

ALBERTA. Vous ne vous souvenez donc pas des leçons de haute politique que vous me donniez tous les matins?

WILHELMINE. Si fait!... mais...

ALBERTA. Jamais, me disiez-vous, il ne faut laisser un ennemi derrière soi.

WILHELMINE. J'ai dit cela, moi? c'est possible; maxime très-sage, ma nièce! eh bien?

ALBERTA. Eh bien, si mon cousin fût resté en prison, sur la frontière, loin de notre surveillance, ses partisans n'auraient pas manqué de tenter un coup pour sa délivrance, et alors, quel danger pour moi, jugez!

WILHELMINE. C'est vrai.

ALBERTA. Tandis qu'en le retenant ici, près de nous, sous nos yeux, je suis bien plus tranquille... vous comprenez?...

WILHELMINE. C'est juste... comme elle a

saisi mes leçons!... je ne l'aurais jamais crue... si grande politique.

ALBERTA. A présent, ma petite tante, vous allez me conseiller... vous avez tant de bonnes idées!

WILHELMINE. Voyons.

ALBERTA. Quand Pétrus l'aura amené ici, ne serait-il pas à propos de profiter de nos anciennes relations pour étudier toutes ses pensées, toutes ses intentions?

WILHELMINE. Oui, sans doute, l'interroger.

ALBERTA. L'interroger! c'est cela... voilà le moyen que je cherchais!... Ah! oui, mais... qui s'en chargera?

WILHELMINE. Qui? moi, ma nièce.

ALBERTA. A merveille!... seulement, votre pénétration est si connue!... Je crains qu'avec vous il ne se tienne sur ses gardes...

WILHELMINE. Naturellement.

ALBERTA. Tandis qu'une personne dont il ne se défierait pas... quelqu'un de bien simple...

WILHELMINE. Eh mais, si vous l'interrogiez vous-même...

ALBERTA. Moi! quelle idée! oh! comme c'est bien trouvé!... Oui, ma bonne petite tante, c'est convenu... justement, on ne viendra pas nous interrompre... Eh mais... (*Allant à la fenêtre.*) Une voiture qui s'arrête dans la cour du sud... c'est lui... le voilà... il s'agirait maintenant de prévenir Pétrus, avec les précautions nécessaires, et de faire conduire le prisonnier dans cette salle. Mais pour une démarche si délicate, à qui me fier?

WILHELMINE. A moi, ma nièce, toujours à moi.

ALBERTA, *l'embrassant.* Ah! je vous aime bien, ma tante!

WILHELMINE. Chère enfant! (*A part.*) Décidément, elle est imbue de mon esprit... il ne tiendra qu'à moi de gouverner la Saxe.

Elle sort à droite.

SCÈNE V.

ALBERTA, *seule.*

Je vais donc le revoir!... ici, dans ces lieux où fut notre berceau!... Hélas! je suis seule à me rappeler le passé... ces souvenirs, sacrés pour moi, comme il les a méprisés, raillés!... c'était ma vie pourtant! C'est singulier!... je tremble à son approche. Moi qu'ils appellent leur souveraine... je croyais avoir plus de force... Je l'entends... avant de me montrer, tâchons de raffermir mon courage.

Elle sort à gauche.

SCÈNE VI.

PÉTRUS, FRÉDÉRIC.

FRÉDÉRIC, *avec colère.* Où me conduisez-vous ? parlerez-vous enfin ? avez-vous juré de rester muet ? ne pas me répondre un mot pendant toute la route !

PÉTRUS. Pardon , les ordres que j'avais reçus...

FRÉDÉRIC. Des ordres ! et qui donc avait le droit de vous en donner, monsieur ?... tandis qu'hier encore... mais enfin, ici, du moins, j'espère que vous allez m'apprendre ce qui s'est passé, ce qui se prépare et ce que l'on veut de moi.

PÉTRUS. Monseigneur, tout ce qu'il m'est permis de vous dire, c'est que j'ai été chargé de vous amener à Meinengen, et de vous introduire dans le palais ducal.

FRÉDÉRIC. Vous ! avec mes ennemis, à leur service !... après vos serments...

PÉTRUS. Prince, je vous supplie de parler moins haut.

FRÉDÉRIC. Sortez , du moins, sortez... épargnez-moi le supplice de vous voir.

PÉTRUS. Permettez...

Alberta paraît et fait signe à Pétrus de s'éloigner.

PÉTRUS, *saluant.* J'obéis.

Il sort.

SCÈNE VII.

ALBERTA, *un peu au fond, elle a quitté son grand cordon,* FRÉDÉRIC.

FRÉDÉRIC, *sans voir Alberta.* Je pouvais m'attendre à une défaite ; mais trouver la trahison, la violence et un cachot... qui sait ? des juges maintenant, des bourreaux peut-être ?... Eh bien, je veux aller moi-même au devant d'eux, et leur dire... (*Il se retourne.*) Que vois-je ! Alberta ! vous ici ! ma petite cousine !... comment ils vous ont aussi entraînée...

ALBERTA. Vous voyez.

FRÉDÉRIC. Comme moi ? ah ! mais c'est affreux ! je conçois qu'ils m'aient attaqué, moi un homme, moi leur ennemi... mais s'en prendre à une jeune fille, à une enfant, qui ne peut leur porter ombrage, c'est de la cruauté pure !

ALBERTA, *regardant autour d'elle.* Prenez garde !

FRÉDÉRIC. Ah ! ce n'est plus de moi qu'il s'agit !

AIR : *Connaissez-vous le grand Eugène ?*

Ma liberté, mes armes, ma puissance,
Tout en un jour me fut ravi par eux.
Mais contre vous tourner leur violence,
  C'est un attentat monstrueux,
Dont ils devront un compte rigoureux ;
Oui, tout à l'heure ils vont ici m'entendre ;
Je les ferai rougir pour vous venger ;
Et si mon bras ne peut plus vous défendre,
Ma voix du moins saura vous protéger,
Ma voix encor saura vous protéger.

ALBERTA. Merci, mon cousin ; je suis touchée de votre dévoûment, mais je crois que je n'ai pas besoin d'y recourir.

FRÉDÉRIC. N'êtes-vous pas, comme moi, la prisonnière de ces ambitieux ?

ALBERTA, *avec embarras.* Pas précisément.

FRÉDÉRIC. Expliquez-vous.

ALBERTA. Ah !... c'est qu'à présent, ce ne sont plus eux qui règnent.

FRÉDÉRIC. Comment ?

ALBERTA. Hier, les Etats ont choisi une autre personne.

FRÉDÉRIC. Une autre ?

ALBERTA. Oui, mon cousin.

FRÉDÉRIC. Et qui donc ?

ALBERTA. Moi, mon cousin.

FRÉDÉRIC. Vous !

ALBERTA. Cela vous étonne ?... oh, pas plus que moi, je vous assure... je ne voulais pas le croire d'abord, mais il a bien fallu... vous-même, vous verrez... on m'obéit...

FRÉDÉRIC, *stupéfait.* A vous ! ah ! ce n'est pas possible !... un pareil choix ! au mépris des lois ! par quelle raison ? à quel titre ?

ALBERTA. Je ne sais pas, moi... ils parlent d'intérêt public... de décision des Etats... ils font des lois, ils en défont...

FRÉDÉRIC. Par exemple ! voilà qui est étrange ! Comment ! hier encore... lorsqu'assise à mes côtés...

ALBERTA. Je vous servais du lait et des œufs frais... à ce moment-là je ne savais encore rien... je n'ai rien demandé... c'est venu tout seul... une heure après.

FRÉDÉRIC. Oh !.. c'est à confondre !.. et moi qui dans ma prison me reprochais presque la froideur, la préoccupation que je vous avais montrées.

ALBERTA. Est-il possible ?

FRÉDÉRIC. Oui ; votre image m'avait suivi ; je pensais à cet accueil si doux, à cette amitié, à ces souvenirs que des intérêts nouveaux m'avaient fait méconnaître et dont je sentais alors tout le prix...

ALBERTA, *à part.* A la bonne heure, au moins !

FRÉDÉRIC. Et vous, pendant ce temps, vous acceptiez...

ALBERTA. Mon Dieu ! la raison d'état...

vous comprenez... et même si vous vouliez réfléchir un peu... vos ennemis avaient le pouvoir... ne vaut-il pas mieux pour vous que ce soit moi qui l'exerce?... à moins qu'à présent vous ne me regardiez aussi comme une ennemie?

FRÉDÉRIC. Ah! c'est moins vous que j'accuse, aveugle et faible jeune fille, que les deux ou trois intrigants dont vous allez être l'instrument docile... Je sais trop que par vous-même vous ne pouvez avoir ni haine ni volonté.

ALBERTA. Ni volonté! Ah! mon cousin, c'est pourtant cette volonté, c'est elle seule qui vous a fait conduire ici.

FRÉDÉRIC. Oui, comme prisonnier!

ALBERTA. Dans tous les cas, je ne suis pas une ennemie bien terrible... cela dépendra un peu de votre manière d'agir... Ecoutez-moi; cette captivité, on pourrait la rendre moins dure, et si vous me promettiez... là... d'être d'abord bien soumis... si vous engagiez votre parole...

FRÉDÉRIC, *avec énergie.* Moi! jamais?

ALBERTA. Oh si! oh si! je vous en prie...

FRÉDÉRIC, *de même.* Non, non, je le jure ici au contraire, nulle puissance humaine, et vos indignes conseillers moins que tout autre, n'obtiendront de moi le plus léger sacrifice...

ALBERTA. Prenez garde, vous allez attirer du monde!...

FRÉDÉRIC, *avec une colère croissante.* Que m'importe? Je ne crains pas de le dire tout haut.

ALBERTA. Mon cousin, de grâce!...

FRÉDÉRIC. Les voilà bien avertis! qu'ils m'emprisonnent, qu'ils m'enchaînent, ou sinon!... malheur à eux!...

ALBERTA. Taisez-vous donc... on vient!

FRÉDÉRIC. Tant mieux! tant mieux! il y a des vérités qu'on aime à dire en face!

ALBERTA, *à part.* Mais c'est qu'il va trop loin! je ne pourrai plus le sauver!

SCÈNE VIII.

LE BARON, ALBERTA, MISTERTOFF, FRÉDÉRIC.

LE BARON. Quel bruit, quel bruit, madame! De grâce, excusez mon zèle. Que se passe-t-il ici?

MISTERTOFF. Oui, que se passe-t-il? et quel est ce jeune homme?

LE BARON. Que vois-je? le prince Frédéric!

MISTERTOFF, *reculant.* Lui!... ô ciel!... holà! holà! tout de suite... du monde!..

morbleu! tout de suite! une compagnie de gardes!..

Des officiers entrent.

FRÉDÉRIC. Oui, tout un régiment contre un homme sans armes! voilà de vos exploits, comte de Mistertoff.

MISTERTOFF. Prince!..

Il passe à gauche.

FRÉDÉRIC. Et vous, monsieur de Rosencrantz, quelle haute diplomatie! vous n'avez pas honte de compromettre une enfant afin de régner sous son nom...

LE BARON, *à part.* Il nous a devinés!

MISTERTOFF, *au Baron.* Vous, qui le disiez si bien enfermé à Blutzen...

LE BARON. Eh! oui, sans doute; qui donc a osé...

ALBERTA. C'est moi, messieurs.

MISTERTOFF. Vous, madame, sans notre avis?..

FRÉDÉRIC. Oui, pour me conseiller la résignation, la patience... mais je me dois à moi-même de protester de toutes mes forces. Cette puissance que vous vous êtes arrogée, messieurs, je la nie, je la brave, et s'il faut avouer ma pensée, je la mép...

ALBERTA. Ah!... qu'on emmène le prince!

MISTERTOFF. Oui, qu'on l'entraîne dans la prison de la ville...

ALBERTA. Non... dans celle du palais... c'est plus sûr...

LE BARON. A côté, là, près de la cour du sud.

MISTERTOFF. Oui, oui, tenez-le bien, surtout, tenez-le bien...

ALBERTA. Ah! ne lui faites pas de mal...

CHŒUR.

Il faut qu'on le punisse ;
Oui, c'est à la prison
De nous faire justice
De cette trahison.

FRÉDÉRIC.

Ah! je le sais, votre âme est bonne!...
Contre moi leurs efforts sont vains:
En les bravant, je vous pardonne!
Je ne vous hais pas, je vous plains.

REPRISE DU CHŒUR.

Il sort emmené par les gardes.

SCÈNE IX.

MISTERTOFF, ALBERTA, LE BARON.

MISTERTOFF. Quel excès d'audace!

LE BARON. Un crime de lèse-majesté! J'espère que désormais, avant d'arrêter une démarche importante, votre altesse voudra bien s'éclairer de notre prudence...

MISTERTOFF. Et s'appuyer sur notre fermeté.

ALBERTA, *avec impatience.* Votre prudence! votre fermeté! des vertus rares, messieurs, je vous en remercie, mais vous auriez pu les déployer plus à propos!

LE BARON. Comment?

ALBERTA, *de même.* C'est vrai... on a ses idées... on prend à part un révolté, on lui prêche la douceur, la soumission, et quand on est tout près de le persuader...

LE BARON. Permettez... il n'avait pas l'air persuadé du tout...

ALBERTA, *au Baron.* Parce que vous êtes venu l'irriter... avec votre prudence.

MISTERTOFF. Il était comme un lion...

ALBERTA, *à Mistertoff.* Vous avez eu peur de lui... avec votre fermeté.

MISTERTOFF. Moi!

LE BARON. Votre altesse nous permettra, dans l'intérêt même de sa sûreté, de prendre un parti violent.

ALBERTA. Plaît-il?

MISTERTOFF. Oui, morbleu, un parti qui le met dans l'impuissance de réaliser ses menaces.

ALBERTA. Que voulez-vous faire?

LE BARON. Notre devoir est tout tracé... le prince ne peut rester dans cette capitale, où ses partisans se remuent...

ALBERTA. Ah! ils se remuent!...

MISTERTOFF. Les coquins ne se gênent pas!

LE BARON. Je vais notamment faire surveiller le major Daunitz... quant au prince...

MISTERTOFF. Il va partir sur le champ avec une bonne escorte pour la citadelle de Konigstein... une forteresse à trois milles d'ici, bien solide et bien commandée. Je vais tout de suite rédiger un ordre de détention perpétuelle.

ALBERTA, *à part.* Ciel!

MISTERTOFF. Votre altesse n'aura plus qu'à le signer, et morbleu en route!

Il va s'asseoir devant la table à gauche.

ALBERTA, *à part.* Ah! mon Dieu! s'il part, il est perdu!...

LE BARON. C'est moi-même qui le conduirai dès que M. le comte aura rédigé l'ordre.

ALBERTA, *à part.* Lui!... que faire?

LE BARON. Mais votre altesse paraît encore toute émue.

ALBERTA. Moi?... pas du tout... voyez... je ris... Dans le premier moment un peu de trouble, un peu d'impatience, c'était bien naturel... un parent, c'est vrai, mais il s'est si mal conduit!.. je m'en rapporte à vous, faites tout ce que vous voudrez, je n'y pense plus... et même à ce propos, je ne demanderais pas mieux que de me distraire, de m'égayer un peu...

LE BARON. A merveille!

ALBERTA. Est-ce que nous ne pourrions pas improviser une petite fête, un gala, un bal?...

LE BARON. Certainement, et dès demain.

ALBERTA. Non, non, ce soir... oh!... un bal! un bal de cour!.. quel bonheur!

Elle saute de joie.

MISTERTOFF, *écrivant.* Bon! elle ne pense plus qu'à danser...

ALBERTA. C'est cela... de la musique, du bruit, de l'éclat, une toilette brillante, des fleurs... des fleurs partout!... vous les choisirez, vous qui êtes botaniste...

LE BARON. Ah! ah! charmant souvenir!... mais le prince...

ALBERTA. A propos, monsieur le baron, je crains que ma tante ne s'entende pas très-bien à faire les honneurs d'une fête... vous m'aviez parlé d'abord de madame la baronne de Rosencrantz, votre épouse...

LE BARON. Quoi! vous daigneriez...

ALBERTA. Veuillez me la présenter... Oh! mais tout de suite, tout de suite.

LE BARON. Mais c'est qu'elle est, je crois, à Bernitz, hors des murs de la ville.

ALBERTA. Raison de plus pour ne pas perdre de temps.

LE BARON. Mais le prince...

ALBERTA. Le prince, il est sous bonne garde... et bientôt... Allez, allez.

LE BARON, *à part.* Elle est charmante, je savais bien qu'avec un peu d'habileté... (*Haut.*) Je remercie mille fois votre altesse.

Il sort.

SCÈNE X.

MISTERTOFF, ALBERTA.

ALBERTA, *à part.* Et d'un!

MISTERTOFF. Alors, j'y pense, le colonel Franck se chargera... Tenez, madame, voici la sentence... votre altesse n'a plus qu'à signer...

ALBERTA, *prenant l'ordre.* La sentence!.. bien... très-bien... vous serez notre cavalier pour le premier quadrille...

MISTERTOFF. Ah! madame, un tel honneur... mais je ne saurais accepter...

ALBERTA. Je devine... de glorieuses blessures...

MISTERTOFF. Oh! non... (*A part.*) Elle confond toujours. (*Haut.*) Si votre altesse veut signer...

ALBERTA. Quand me présenterez-vous aussi madame de Mistertoff?...

MISTERTOFF. Ce soir même, madame, avec mes quatre filles...

ALBERTA. Quatre filles?

MISTERTOFF. Oui, quatre... hélas! ma renommée s'en va en quenouille... Oh! pardon, pardon... (*Apart.*) Morbleu, j'oubliais qu'elle-même...

ALBERTA. Ah! vous avez des enfants... de charmants enfants, j'en suis sûre... eh bien, je veux que vous leur portiez un avant-goût des faveurs de la grande duchesse.

MISTERTOFF. Un avant-goût... qu'est-ce que c'est donc ?..

ALBERTA, *ouvrant un sac de dragées.* Des dragées... des bonbons que l'on m'a présentés tout à l'heure... voulez-vous bien leur en offrir de ma part ?..

MISTERTOFF. Que de bontés!

ALBERTA, *roulant la sentence en cornet.* Tenez!... (*elle met des bonbons dedans*) là... là... ils sont excellents... voulez-vous y goûter...

MISTERTOFF, *prenant un bonbon.* Quel honneur !.. (*Le goûtant.*) Oh! exquis!.. et j'ose dire que jamais... Votre altesse veut-elle me permettre d'y retourner?... (*Poussant un cri.*) Ah! mon Dieu!

ALBERTA. Qu'est-ce que vous avez donc?

MISTERTOFF, *montrant le cornet.* La sentence.

ALBERTA. Plaît-il?

MISTERTOFF. La sentence... l'arrêt... ce cornet, c'est l'arrêt du prince... roulé... J'ai pris des bonbons dans la sentence...

ALBERTA. Ah! tiens... c'est vrai! quelle étourderie!

MISTERTOFF. On pourrait peut-être encore...

ALBERTA, *fermant et chiffonnant le cornet.* Eh bien, vous en écrirez un autre... ce soir... demain, nous verrons... Quant à notre bal, pour qu'il soit bien brillant, bien magnifique, il faudra que de votre côté...

SCÈNE XI.

MISTERTOFF, WILHELMINE, ALBERTA.

WILHELMINE, *dans une grande agitation.* Ah! mon Dieu! ma nièce! monsieur le comte!...

ALBERTA. Qu'est-ce donc, ma tante? quelle agitation?

MISTERTOFF. Bon! une femme effrayée, à présent. Qu'y a-t-il?

WILHELMINE. Si vous saviez !..

MISTERTOFF. Parlez, morbleu, mais parlez donc!

WILHELMINE. Ah! ma nièce, moi qui croyais trouver le repos à la cour !... j'étais à ma toilette, lorsqu'une troupe en armes s'est présentée du côté de la cour du Sud, devant la prison du prince...

MISTERTOFF. Ah! mon Dieu!

WILHELMINE. Et en poussant des cris...

MISTERTOFF. Des cris!... des cris pour le prince ?.. alors c'est contre moi, c'est contre nous... diable! et le baron qui n'est pas là! ils ont osé!... de quel côté, dites-vous ?

WILHELMINE, *montrant la droite.* Par là.

MISTERTOFF, *allant à gauche.* Je vais au-devant d'eux!... morbleu!... il faut qu'on ferme les grilles !... où est Pétrus?... Et le régiment de Hesse-Cassel qui n'arrive pas! (*Tirant sa montre.*) Dans dix minutes il sera ici... le tambour va nous l'annoncer... mais d'ici là... j'ai perdu un temps !... maudits bonbons !... (*Il les jette sur la table; on entend des rumeurs en dehors.*) Ne craignez rien, madame; ce bras est le plus ferme rempart... Aussi on me parle de bal; il est bien question de danse!... quand il faut des ordres énergiques. (*Cherchant à tirer son épée.*) Je vais, je vole... O Dieu! cette résidence autrefois si paisible... quand je jouais là, aux échecs!... à présent... des violons, des bonbons... du canon, morbleu! du canon!...

Il va pour sortir à gauche.

WILHELMINE, *montrant la droite.* C'est par là, monsieur le comte.

MISTERTOFF. Très-bien, morbleu!

Il sort à droite ; nouvelles rumeurs ; il rentre, traverse le théâtre au fond et sort par la gauche.

SCÈNE XII.

WILHELMINE, ALBERTA.

Les rumeurs continuent.

ALBERTA. Vous en êtes sûre, ma tante, ils veulent le délivrer?

WILHELMINE. Je les ai vus, vous dis-je!...

ALBERTA. Et croyez-vous qu'ils y réussissent?

WILHELMINE. Ah! j'en ai bien peur.

ALBERTA. Si vous pouviez savoir...

WILHELMINE. Je cours m'informer... car enfin, voyons, sommes-nous reines ou ne le sommes-nous pas? A peine arrivées... déjà des révolutions! est-ce qu'il en sera de même tous les jours?... Je cours m'informer... restez là... j'espère vous rapporter de bonnes nouvelles...

Elle sort.

ALBERTA, *seule.* Ah! mon Dieu! sauvez-le de son imprudence!... Eh! mais on vient de ce côté... seule ici... j'ai peur... Oh! non... c'est lui!...

SCÈNE XIII.

FRÉDÉRIC, *l'épée à la main*, ALBERTA.

FRÉDÉRIC, *à la cantonade*. Que personne n'avance; restez là tous. Alberta, ne craignez rien! un moment a tout changé... les principaux points de la ville vont être occupés... je suis déjà maître du palais... les troupes obéissent au major...

ALBERTA. Est-il possible?...

FRÉDÉRIC. Chère Alberta, au milieu de ce désordre mon premier soin est de veiller sur vous, et cette puissance que mon devoir m'oblige de réclamer, je veux d'abord la faire servir à vous protéger.

ALBERTA. C'est-à-dire que vous me prenez ma place. Oh! je ne vous en veux pas, mon cousin... mais prenez garde, votre triomphe est-il bien certain? et ne craignez-vous pas la trahison?

FRÉDÉRIC. Non, vous dis-je; je suis maître... Ah! pardon... cette parole vous blesse, Alberta; mais vous le savez, une prison perpétuelle ou un trône : je n'avais pas d'autre choix... Ah! que vous importe? ne régnerez-vous pas toujours sur mon cœur?... Oui, cet aveu, quand vous étiez maîtresse de mon sort, je l'aurais regardé comme une lâcheté peut-être; mais à présent, libre et vainqueur, je puis vous le dire, Alberta, je vous aime.

ALBERTA, *à part*. Ah! enfin!... et l'apprendre en ce moment...

FRÉDÉRIC. Oui, hier j'étais ingrat, injuste; je vous ai méconnue, je lisais mal dans mon âme; tout entier désormais aux plus doux souvenirs...

On entend le tambour.

ALBERTA, *à part*. O ciel! le signal!...

FRÉDÉRIC. Ce sont mes partisans.

ALBERTA, *à part*. Ses ennemis! leur échapper! il ne le peut plus!

FRÉDÉRIC. Pardon, si dans le premier moment je vous ai parlé de mon amour.

ALBERTA. Dites toujours... restez... (*A part.*) Ils vont venir! (*Haut.*) Car... vous m'aimez, vous me l'avez dit.

FRÉDÉRIC. Ah! je le jure!

ALBERTA. Quels que soient les événements, prince ou sujet, vous ne craindrez pas de le répéter?...

FRÉDÉRIC. Jamais!

ALBERTA. Avant de me quitter?

FRÉDÉRIC. Sur-le-champ.

ALBERTA. A mes pieds?

FRÉDÉRIC. Oui.

ALBERTA. Ah! je veux en être sûre... Eh bien!...

FRÉDÉRIC, *tombant à ses pieds*. Alberta!

ALBERTA. Je vous crois.

Il lui baise la main.

FRÉDÉRIC, *voulant se relever*. Comment?

ALBERTA, *le retenant*. Restez.

SCÈNE XIV.

MISTERTOFF, LE BARON, ALBERTA, FRÉDÉRIC, WILHELMINE, LES DEUX CONSEILLERS, OFFICIERS, *au fond*.

MISTERTOFF. Victoire! le rebelle est ici! (*Voyant Frédéric se relever.*) Passez donc, baron.

WILHELMINE. Qu'ai-je vu?

LE BARON. Aux pieds de la princesse!...

FRÉDÉRIC. Que signifie?

ALBERTA. Oui, messieurs, délivré par d'imprudents amis, le prince s'est hâté de les désavouer.

FRÉDÉRIC. Moi!

ALBERTA. Et il est venu me prêter serment de fidélité.

FRÉDÉRIC. Alberta!

ALBERTA. Ah! mon cousin... vous venez de le jurer à l'instant même.

FRÉDÉRIC. Ciel! cette surprise!...

ALBERTA, *bas*. Chut! vous étiez tous perdus. (*Haut.*) Nous accordons une amnistie générale... n'est-il pas vrai, messieurs?

FRÉDÉRIC. Une grâce!

LE BARON. Justement votre conseil est tout prêt... je l'ai rassemblé pour une circonstance bien autrement grave, et qui intéresse directement le repos, l'honneur, et j'ose dire, les sentiments de votre altesse.

WILHELMINE. Comment?

FRÉDÉRIC. Ses sentiments?

ALBERTA. Expliquez-vous.

LE BARON. Le général qui a conduit ici le corps de cavalerie de Hesse-Cassel m'a remis une dépêche diplomatique dont le contenu, quelque étrange qu'il puisse paraître, doit être communiqué sur-le-champ à votre altesse.

ALBERTA. J'écoute.

LE BARON. La dépêche est de la main du prince lui-même. « Madame, avant tout, » dans les circonstances graves où se trouve » le grand-duché de Saxe, je me suis empressé de mettre une partie de mes forces » à la disposition de son gouvernement. Cependant la princesse Alberta n'ignore pas » que, par l'exclusion du prince Frédéric, » les droits de ma famille sur le trône de » Saxe-Meiningen sont devenus désormais » incontestables. Mais il est peut-être un

» moyen de prévenir un conflit de préten-
» tions toujours fâcheux pour les peuples ; ce
» moyen, qui concilierait le repos de nos
» états avec mon propre bonheur, sera l'ob-
» jet de négociations formelles auprès du
» gouvernement saxon.

   » *Signé :* ADOLPHE ERNEST. »

ALBERTA. Que signifie?...

LE BARON. C'est la guerre.

MISTERTOFF, *faisant un soubresaut.* Hein? la guerre !

LE BARON. Ou un mariage...

ALBERTA *et* WILHELMINE. Un mariage !

LE BARON. Et dans les circonstances ac-tuelles, l'intérêt de l'état...

FRÉDÉRIC. Qu'entends-je?... Ah! je le vois... c'est un parti pris d'avance... vous ne pourrez y échapper, madame; on vous trahira, on trahira les vœux de la Saxe... mais je ne serai pas témoin d'une pareille iniquité... je pars...

ALBERTA. Où irez-vous ?

FRÉDÉRIC. Au bout du monde, s'il le faut... je retourne en France, en Amérique, chercher une mort glorieuse !...

ALBERTA. Frédéric !...

FRÉDÉRIC. Vous l'avez dit : je suis amnis-tié; je suis libre...

ALBERTA. Oh! je vous en prie...

MISTERTOFF. Eh! mon Dieu! qu'on le laisse donc partir!

ALBERTA, *à Frédéric, qui va s'éloigner.* Mon cousin !... tout à l'heure vous m'avez demandé une grâce... eh bien, j'en de-mande une à mon tour... Avant cette sépa-ration éternelle, j'ai à vous entretenir de quelques intérêts... de famille. Pendant que le conseil délibérera, vous attendrez là... à côté... vous me donnez votre parole?... c'est bien... allez. — Vous aussi, ma tante... c'est une affaire d'état.

WILHELMINE. Justement... enfin !

SCÈNE XV.

LES MÊMES, *excepté* FRÉDÉRIC ET WILHELMINE.

LE BARON. Prenons séance.

Les Huissiers approchent des siéges. Alberta s'assied à droite du public sur un fauteuil auprès de la table; le deuxième Conseiller près d'elle, puis Mistertoff, puis le premier Conseiller, et enfin le Baron à gauche du public.

MISTERTOFF. Comment poserons-nous la question ?

DEUXIÈME CONSEILLER. Oui, comment al-lons-nous...

PREMIER CONSEILLER. Poser la question?

LE BARON. Je la pose ainsi. Aux termes de la constitution germanique, le prince de Hesse-Cassel...

ALBERTA, *se levant.* Ah! j'oubliais... je vous préviens seulement d'une chose, c'est que je ne veux pas épouser le prince de Hesse-Cassel.

LE BARON. Que dites-vous, madame?

MISTERTOFF. Alors, il n'y a plus de ques-tion... qu'est-ce que nous faisons là ?... la séance est levée...

ALBERTA. Il me semble que les États n'ont pas le droit de contraindre nos inclinations.

LE BARON. Mais alors, c'est la guerre.

Mistertoff s'agite sur sa chaise.

ALBERTA. Eh bien, la guerre, soit! Parce que je suis femme, croyez-vous que ce mot m'effraie? n'avons-nous plus de sol-dats? et les Saxons sont-ils déchus de leur ancienne renommée ?

MISTERTOFF. Permettez... les économies que j'ai dû faire...

ALBERTA. Eh! monsieur, le courage sup-pléera au nombre !

MISTERTOFF, *à part.* Est-elle belliqueuse!

ALBERTA. Ayons d'abord un bon général.

LE BARON. Tout est là.

ALBERTA. Par exemple, monsieur de Mis-tertoff.

MISTERTOFF. Moi !...

ALBERTA. Je suis sûre que votre cœur bat déjà à l'idée d'entrer en campagne.

MISTERTOFF. C'est vrai, morbleu, c'est vrai... mais...

ALBERTA. Mais je comprends... c'est sur-tout ici, auprès de notre personne, qu'un homme d'action est nécessaire.

MISTERTOFF. Voilà, voilà mon vrai poste.

ALBERTA. Quant à monsieur de Rosen-crantz...

LE BARON. C'est clair, ce n'est pas ma par-tie... un homme de cabinet... ma place est au conseil.

ALBERTA. Et pour les autres officiers...

LE BARON. Oh ! en pleine paix, le cadre a bien vieilli...

MISTERTOFF. Je suis le plus jeune...

ALBERTA. Alors, je ne vois personne.

LE BARON. Ni moi.

MISTERTOFF. Ni moi.

PREMIER CONSEILLER. Ni moi.

DEUXIÈME CONSEILLER. Ni moi.

ALBERTA. Comment donc faire? quel em-barras !... c'est à vous, messieurs, de nous en tirer, car c'est vous qui nous y avez mise.

MISTERTOFF. Nous !

LE BARON. Comment?

ALBERTA. En appelant des forces étran-gères au cœur de nos états.

LE BARON. C'est vrai, la plus fausse mesure !... c'est monsieur le comte de Mistertoff qui avait cru...

MISTERTOFF. Plaît-il ?

PREMIER CONSEILLER. En effet, c'est monsieur le comte...

MISTERTOFF. Pas du tout !... c'est monsieur le baron qui avait peur...

DEUXIÈME CONSEILLER. C'est monsieur le baron...

LE BARON, *se levant*. Général, j'ai l'honneur de vous renvoyer cette insinuation !

MISTERTOFF, *se levant*. Monsieur le diplomate, si vous étiez un soldat !

PREMIER CONSEILLER. Messieurs !

DEUXIÈME CONSEILLER. Messieurs !

ENSEMBLE.

LE BARON. J'ai blâmé la mesure, j'ai blâmé la mesure.

MISTERTOFF. Il a approuvé la mesure !

DEUXIÈME CONSEILLER. Il a approuvé.

PREMIER CONSEILLER. Il a blâmé...

ALBERTA, *se levant, à part, en riant*. Bien ! très-bien ! à merveille. (*Haut, et passant au milieu.*) Un moment, messieurs ; vous n'avez pas l'air de vous entendre... et si mon cousin allait s'impatienter !... vous l'avez entendu, s'il allait partir !... (*A un Huissier.*) Qu'on le fasse rentrer. (*On enlève les siéges.*) Pardon, messieurs ; avant de continuer, on me permettra bien de donner un instant aux affaires de famille.

SCÈNE XVI.

PREMIER CONSEILLER, LE BARON, WILHELMINE, ALBERTA, FRÉDÉRIC, DEUXIÈME CONSEILLER, MISTER-TOFF.

ALBERTA. Approchez, mon cousin... ces messieurs me paraissent être dans un embarras !... il s'agit toujours des menaces du prince de Hesse-Cassel.

FRÉDÉRIC. De lui ?

ALBERTA. Eh bien, si l'on vous laissait votre épée... si l'on vous chargeait de nous défendre, si enfin l'on vous envoyait combattre...

FRÉDÉRIC. Moi !

ALBERTA. Contre le prince de Hesse-Cassel.

FRÉDÉRIC. Oh ! sur-le-champ !

LE BARON. Plaît-il ?

MISTERTOFF, *au deuxième Conseiller*. Lui laisser son épée ! elle appelle cela une affaire de famille !

LE BARON. Y songez-vous, madame ? confier les forces de l'état à votre propre compétiteur !

DEUXIÈME CONSEILLER. Ce serait d'une imprudence !

PREMIER CONSEILLER. C'est impossible.

ALBERTA. Vous entendez, mon cousin, on craint que vous ne me trahissiez.

FRÉDÉRIC. Moi !

ALBERTA. Mais je ne puis le croire, après les serments que vous m'avez faits tout à l'heure ; vous me juriez de vivre et de mourir pour moi.

FRÉDÉRIC. Ah ! je le jure encore !

WILHELMINE. Se peut-il ?

LE BARON. Par exemple !

ALBERTA. Alors, il y a peut-être un moyen... Aidez-moi donc un peu, messieurs... (*Ils cherchent tous.*) Vous craignez qu'il ne trahisse sa souveraine... mais vous ne craindriez pas qu'il trahît... sa femme.

TOUS. Sa femme !

FRÉDÉRIC. Qu'entends-je !

LE BARON. Permettez, permettez... les Etats...

ALBERTA. Les Etats peuvent-ils contrarier mon choix ?.. Ce n'est pas un souverain que je me donne, c'est un mari.

LE BARON. Justement... le mari d'une reine...

ALBERTA. Oui, je sais... je l'ai lu quelque part... lorsqu'une femme règne, dit-on, c'est un homme qui gouverne... eh bien, alors, il y a un moyen bien plus simple... cette couronne à laquelle mon cousin a bien quelques droits, s'il la tenait... de vous...

LE BARON. De nous !

MISTERTOFF. Lui !

ALBERTA. Jugez de sa reconnaissance !

LE BARON. Eh bien, oui, mais alors... la décision des Etats...

ALBERTA. Leur décision ! vous avez l'habitude d'y contribuer si puissamment !

FRÉDÉRIC. Ah ! ma cousine, ce sacrifice !...

ALBERTA. Ah ! ce n'en est pas un !.. faut-il vous l'avouer ?

AIR *de Téniers*.

Pour vous seul je me suis contrainte
A subir ici ma grandeur ;
Je l'avais reçue avec crainte,
Je vous la cède avec bonheur.

FRÉDÉRIC.

Quoi ! pour moi de votre couronne
Votre front serait dépouillé !

ALBERTA.

Tout entière je vous la donne.
FRÉDÉRIC, *lui baisant la main*.
Ah ! je n'en veux que la moitié,
Daignez en garder la moitié.

WILHELMINE. Une alliance princière !

LE BARON. L'idée m'en était venue ! c'est un moyen diplomatique... c'est même le seul moyen...

ALBERTA. D'éviter la guerre.

MISTERTOFF. Bravo ! ce n'est pas que j'aie jamais craint morbleu !.. au contraire.

SCÈNE XVII.

LES MÊMES, PÉTRUS.

PÉTRUS. Tout est rentré dans l'ordre. Vive la grande-duchesse !

LE BARON. Vive le grand-duc !

PÉTRUS. Le grand-duc ! ! !

MISTERTOFF. Eh ! oui, le voilà !

PÉTRUS. Oh alors... Vive le grand-duc et la grande-duchesse... ça concilie tout.

ALBERTA. Oui, messieurs, à lui la gloire, la haute politique... à moi le soin d'embellir sa vie... qu'il songe au bonheur du peuple, je ne songerai, moi, qu'à son bonheur... Voilà, j'espère, l'avenir que j'ai préparé... n'ai-je pas bien employé mon jour de règne ?

CHŒUR *du Domino noir.*

Quel doux présage !
Ce mariage
Ramène la paix à la cour ;
La jeune reine
D'avance enchaîne
Et la politique et l'amour.

ALBERTA, *au public.*

Lorsque finit ma royauté d'un jour,
Voici, messieurs, la vôtre qui commence ;
Sujette, hélas ! et bien humble à mon tour,
J'implore ici votre toute-puissance.
Pour nous juger, pour disposer de nous,
Prenez mes droits qu'en tremblant je vous passe
Mais le plus beau, le plus noble de tous,
En cet instant, messieurs, souvenez-vous
Que c'est celui de faire grâce,
Usez, messieurs, du droit de grâce.

FIN.

Imprimerie DONDEY-DUPRÉ, rue Saint-Louis 46, au Marais.

TOME XVII.		TOME XVIII.		TOME XIX.		TOME XX.	
La Femme au salon, c.-v. 2a.	40	Le Sonneur de St-Paul, d.	5 a50	Lekain, v. 2 a.	40	L'Alchimiste, d. 5 a.	50
Moustache, c.-v. 3 a.	40	Mademoiselle, c. v, 2 a.	40	Diane de Chivry, dr. 5 actes.		Naufrage de la Méduse, 5 a.	50
Les droits de la Femme, c. 1 a.	30	Maria Padilla, tragédie 5 a.	50	par Frédéric Soulié.	50	Baluchard, c.-v. 3 a	40
M. de Covllin, c.-v. 1 a.	30	Paul Jones, drame en 5 actes,		Le Manoir de Montlouvier.	50	La Maîtresse et la Fiancée, 2 a	40
La Pièce de 24 Sous c.-v. 1 a.	30	par Alexandre Dumas.	50	Dieu vous bénisse, v. 1 a.	30	Marguerite d'Yorck, mél. 4 a.	40
Fille de l'Airdans sou Ménage,	30	Le Brasseur de Preston, o.-c3a50		Maurice, c.-v. 2 a.	40	Deux jeunes femmes, d. 5 a.	50
Philippe III, trag. en 5 a.	50	Françoise de Rimini, tr. 3 a.	40	Bathilde, dr. 3 a.	40	Rigobert, mél-c. 4 a.	40
L'Orphelin du Parvis, c.-v.1a	40	Lady Melvil, c.-v. 3 a.	40	Pascal et Chambord, c.-v. 2 a.	40	Gabrielle, c.-v. en 2 a.	40
La Croix de Feu, mél. 3 a.	40	Trouquette, c.-v. 1 a.	30	Maria, c.-v. 2 a.	40	La jeunesse de Gœthe, v. 1 a.	30
Plock le Pêcheur, v. 1 a.	30	Le Discours de Rentrée, v. 1 a	30	La Bergère d'Ivry, dr. 5 a.	50	Émile, v. en 1 a.	30
Léonce, c.-v. 3 a.	40	Pierre d'Arezzo, d. 3 a.	40	Mlle de Belle-Isle, drame 5 a.		Le Fils de la Folle, d. 5 a.	50
L'Escroc du Grand Monde, 3 a.	40	Les Coulisses, v. 2 a.	40	par Alexandre Dumas.	50	Il faut que jeunesse se passe,	40
Les Trois Dimanches, c.-v. 3a.	40	Le Marquis en Gage, c.-v. 1 a.	30	Marie Remond, dr.-v. 3 a.	40	Un Vaudevilliste, 1 a.	30
Les Chiens du St-Bernard, 5 a.	50	Le Puff, rev. en 3 tabl.	40	Simplette, v. 1 a.	30	Le Marché de St-Pierre, par	
La Figurante, op.-c. 5 a.	50	Claude Stocq, dr. 5 a.	50	Le Plastron, v. 2 a.	40	Antier et Comberousse.	50
La Comtesse de Chamilly, 4 a.	40	Jeanne Hachette, dr. 5 actes.	50			Amandine, c.-v. en 2 a.	40

TOME XXI.		TOME XXII.		TOME XXIII.		TOME XXIV.	
Il était temps, v. 1 a.	30	Le Château de Saint-Germain.	50	Vautrin, d. 5 a.	50	Bocquet Père et Fils, c.-v.2a.	40
L'article 960, v. 1 a.	30	Les Bamboches de l'Année, r.	30	L'Ouragan, d.-v. 2 a.	40	Le Mari de ma Fille, c.-v. 2 a	50
L'Art de ne pas monter sa gar.	30	Commissaire extraordinaire.	30	Aubray le Médecin, d. 3 a.	40	La Chouette et la Colombe.	40
L'Ange dans le monde c. 3 a.	40	Deux Couronnes, c. 1 a.	30	Les Honneurs et les Mœurs.	40	Quitte ou Double, c.-v. 2 a.	40
Christine, 5 a. par F. Soulié.	50	Les Enfants de trompe, c.-v 2a.	40	Les Diners à 32 sous, v. 1 a.	40	L'Argent, la Gloire et la	
Les Chevaux du Carousel, 5 a.	50	L'Ouvrier, drame en 5 actes,		Ainée et Cadette, c.-v. 2 a.	40	Femmes, v. 1 a. et 5 t.	50
Laurent de Médicis, tr. 3 a.	40	par Frédéric Soulié.	50	Le Fils du Bravo, v. 1 a.	30	Marguerite, dr. 3 a.	40
Les 3 Beaux-Frères, v. 1 a.	30	Tremb. de terre de la Martin.	50	Bonaventure, c.-v. 3 a. et 4 t.	40	Paula, dr. 5 a.	50
Revue et Corrigée, c.-v. 1 a.	30	La Famille du Fumiste, c. 2 a.	40	L'Éclat de Rire, d. 3 a.	40	Mon ami Cléobul, v. 1 a.	30
Le Loup de Mer, d. 2 a.	40	Les Intimes, l. 1 a.	30	Cocorico, v. 5 a.	40	Édith, dr. 4 a.	50
Christophe le Suédois, d. 5 a.		La Madone, d. 4 a.	40	Souvenirs de la Marq. de V***.		Un Roman intime, c. 1 a.	30
par Joseph Bouchardy.	50	Les Prussiens en Lorraine,	50	La Jolie Fille du faubourg.	40	Lazare le Pâtre, dr. 5 a.	50
Le Proscrit, d. 5 a.	50	Bal... et Furieux, f.-v. 1 a	30	Le Vin Mot, c.-v. 1 a.	40	L'École des Journalistes, c.5 a.	50
Le Massacre des Innocens 5 a.	50	Un Secret, d.-v. 3 a.	40	Le Château de Verneuil, d. 5 a	50	Cicily, com.-vaud. 2 a.	40
Thomas l'Égyptien, v. 1 a.	30	L'Abbaye de Castro, d. 5 a.		La Maréchale d'Ancre, d. 5 a.	50	Newgate, dr. 4 a.	50
Clémence, c.-v. 2 a.	40	La Famille de Lusigny, d. 5 a.	40	Les Pages et les Poissardes.	40	Le Père Marcel, c.-v. 2 a.	40

TOME XXV.		Suite du 2me volume.		Suite du 25me volume		Suite du 2me volume.	
L'Hospitalité, vaud. 1 a.	30	Le Neveu du Mercier, dr.-v.3a.	50	La Bouquetière, dr.-v. 3 a.	40	Manche à Manche, c.-v. 1 a.	40
Le Guitarrero, op.-c. 3 a.	50	Le Perruquier, dr. 5 a.	50	Jacques Cœur, dr. 5 a.		Un Mariage sous Louis XV.	
La Fête des Fous, dr. 5 a.	50	Zacharie, dr. 5 a.	50	L'École des Jeunes filles, d.5 a.	50	par Alexandre Dumas.	50
La Favorite, op. 1 a.	50	Tiridate, c.-v. 1 a.	40	La Protectrice, c. 1 a.	40	Fabio le Novice, dr. 5 a.	50

La réimpression des 25 volumes sera entièrement terminée le 31 décembre 1843. Nous prévenons nos souscripteurs qu'à l'avenir il paraîtra deux nouveaux volumes chaque année, qui feront suite à cette collection. Les volumes publiés se vendront toujours séparément.

PIÈCES NOUVELLES DU MAGASIN THÉÂTRAL.

Une Vocation, com.-v. 2 a.	40	Les ressources de Jonathas, 1a.	40	Le prisonnier en Sibérie, d. 5 é.	50
La Sœur de Jocrisse, v. 1 a.	40	Davis ou le bonheur d'être fou.	50	Lénore, drame en 5 actes.	50
Van-Bruck, com.-v. 2 a.	40	Une Aventure Suedoise, dr.	50	Quand l'amour s'en va... v. 1a.	40
Le Marchand d'habits, dr. 5 a.	50	Halifax, c. 4 a. avec prol.	50	Un Secret de famille, d.-v.3 a.	50
Mon ami Pierrot, c.-v. 1 a.	40	La Belle-Amélie, c.-v. 1 a.	40	Paris, Orléans et Rouen, v.3a.	50
La Lescombat, dr. 5 a.	50	Le prince Eugène, 3 a. 11 t.	50	Les Dévorants, c.-v. 2 a.	50
Zara, dr. 4 a.	50	Le baron de Lafleur, c.3a.env.	50	Un Jour d'orage, c.	40
Langeli, com-v. 1 a.	40	Vision du Tasse, 1 a. en v.	30	L'Écrin c.-v. 3 a.	50
Murat, pièce en 3 a., 14 tab.	50	La Main droite et la Main		Les Bohémiens de Paris, d.5 a.	50
Trois œufs dans un panier, 1 a.	40	gauche, drame en 5 actes.	1 f	Paméla Giraud, dr. 5 a.	50
Mathieu Lus, dr. 5 a. en vers.	50	Madeleine, dr. en 5 a.	50	Don Quichotte et Sancho Pança,	
Caliste, com.-vaud. en 1 a.	40	Mlle de la Faille, d. 5 a. 8 t	50	pièce en 13 tableaux.	50
L'Aveugle et son Bâton, 1 a.	40	L'Extase, c.-v. 3 a.	50	Une Campagne à Deux, c.-v.1a.	40
Paul et Virginie, dr. 5 a.	50	Le Menuet de la Reine, 2 a.	50	Le Déserteur, op-com. 3 a.	50
Les Enfants Blancs, dr. 5 a.	50	Les Mille et Une Nuits, d. 3 a.	50	Pierre Landais, d. en 5 actes.	50
La Voisin, mél. 5 a.	50	L'Enlèvement de Déjanire, v.	40	La Croix d'acier, dr. en 1 a.	30
Ivan de Russie, tragédie.	50	Redgauntlet, d. 5 a. avec pr.	50	L'Homme blasé, vaud. en 2 a.	50
Le Dérivatif, vaudeville.	40	La chanson de l'aveugle, f. 1 a.	40	Louise Bernard, drame en 5 a.	
Un Bas bleu, vaudeville.	40	Le succès, c. en 3 actes.	50	par Alexandre Dumas.	50
Les Filets de Saint-Cloud.	50	Le palais-royal et la tille 4	50	Stella, drame en 5 actes.	50
Lorenzino, par A. Dumas.	50	La chambre verte, c.-v. 2 a.	50	L'Ombre, ballet.	30
Le... Grenelle, d. 5 a.	50	Un tour de roulette, comédie.	40	Le Vengeur, drame en 3 a.	50
La Dot de Suzette, d. 5 a.	50	Les enfants trouvés, dr. 3 a.	50	Les Iles-Marquises, revue en	
Amour et Amourette, v. 5 a	50	La dre nuit d'A. Chénier, mon.	30	2 actes.	50
Paris le ..., dr. 5 a.	50	Le soleil de ma Bretagne, 3 a.	50	Lucio, drame en 5 actes.	50
Les Brigands de la Loire, d.	50	Un mauvais père, d.-v. 3 a.	50	Le Théâtre et la Cuisine, v. 2 a.	50
Margot, v. 1 a.	40	Jacqu... c. com-vaud. en 3 a.	50	Mémoires de deux jeunes Ma-	
Paris la nuit, d. 6 a. 8 t.	50	Marg..rite Fortier, d. 5a. 1pr.	50	riées, vaudeville en 1 acte.	40
Emery le négociant, d. 3 a.	50	La famille Ronneville, d.3a. p.	50	L'art de tirer des carottes, 1 a.	40
La Salpêtrière, dr. 5 a.	50	Brisquet, c.-v. 2 a.	40	Une Idée de médecin, v. 1 a.	40
La Dot d'Auvergne, v. 1 a.	40	Les Grands et les Petits, 5 a.	50	Le Laird de Dumbiky, c. en 5 a.	
Claudine, dr. 3 a.	50	Le Héros du marquis de 3 sous.	40	par Alexandre Dumas.	50
Les Chanteurs ambulants, v.	50	La jeune et la vieille garde, 1a.	40	La duchesse de Châteauroux,	
Séducteur et Mari, d. en 3 a.	50	Les 2 Sœurs, c.-v. en un a	40	dr. en 4 a.	50
Céline c.-v. 2 a.	40	Adrienne, vaud. en un acte.	40	Marjolaine, v. 1 a.	40
L'Hôtel des 4 nations, c.-v.	40	Les Fumeurs, c.-v. en 1 a.	40	Molière au 19e siècle, c. 1 a.	40
Les Pilules du Diable, 3a. 20 t.	50	...fr. de récompense, d. 5 a.	50	Les trois Amis, dr.-v. 3 a.	50
Les 2 Brigadiers, vaud. 2 a.	40	Les petites misères de la vie, 1	40		
Le Roi d'Yvetot, op.-com. 3 a.	50	Gloire et perruque, v. en 1 a.	40		
L'auberge de la Madone, d.5 a.	50	Les Demoiselles de St-Cyr, 5	1 fr.		

CHEFS-D'ŒUVRE
DU
THÉÂTRE-FRANÇAIS.
(à 40 centimes.)

Le Tartuffe, comédie en 5 actes.
Andromaque, tragéd. en 5 actes.
Cinna, tragédie en 5 actes.
Le mariage de Figaro, com. 5 a.
Othello, tragédie en 5 actes.
Le Dépit amoureux, com. 2 act.
Mahomet, tragédie en 5 actes.
Le Cid, tragédie en 5 actes.
Athalie, tragédie en 5 actes.
Hamlet, tragédie en 5 actes.
La Mère coupable, tr. en 5 actes.
La Mort de César, tr. en 5 actes.
Le Barbier de Séville, com. 4 ac.
Phèdre, tragédie en 5 actes.
L'École des femmes, com. en 5 a.
Les Plaideurs, com. en 3 actes.
Les Horaces, trag. en 5 actes.
Le Misanthrope, com. en 5 actes.
Mérope, tragédie en 5 actes.
Zaïre, tragédie en 5 actes.
Britannicus, tragédie en 5 actes.
L'avare, comédie en 5 actes.
La Métromanie, com. en 5 actes.
Le Malade imaginaire, c. en 3 a.
Iphigénie en Aulide, trag. 5 a.

En vente : le 35me Vol. du MAGASIN THÉÂTRAL. 1re édition. Prix : 6 fr.

IMPRIMERIE DE Mme Ve DONDEY-DUPRÉ, rue Saint-Louis, 46, au Marais.

LA Ire LIVRAISON DE

LES

MYSTERES
des Théâtres de Paris,

Observations ! Indiscrétions !! Révélations !!!

D'UN VIEUX COMPARSE.

Un volume format anglais, orné de vignettes sur bois.

Chaque livraison contiendra 36 pages grand in-18, papier vélin. La première livraison sera illustrée du portrait de l'auteur. Il paraîtra deux livraisons par mois.

Galerie des Artistes dramatiques,

Contenant 80 portraits en pied des principaux Artistes de Paris, dessinés d'après nature par ALEXANDRE LACAUCHIE, accompagnés d'autant de notices biographiques et littéraires.

PRIX DES DEUX VOLUMES BROCHÉS : 40 FR. — *Ouvrage entièrement terminé.*

TOME PREMIER.

Acteurs.	Auteurs.
1re. Mlle Rachel	J. Janin.
2e. M. Perrot	E. Briffault.
3e. M. Deburau	E. Briffault.
4e. M. Mélingue	J. Bouchardy.
5e. Mlle Fanny Elssler	E. Briffault.
6e. Mlle Plessy	H. Rolle.
7e. M. Duprez	E. Briffault.
8e. Mme Mélingue (Théodorine).	J. Bouchardy.
9e. M. Achard	E. Guinot.
10e. Mlle Doze	E. Briffault.
11e. M. Odry	J. T. Merle.
12e. Mlle Fargueil	H. Lucas.
13e. M. Francisque aîné	J. Bouchardy.
14e. M. Lepeintre jeune	H. Rolle.
15e. Mlle Taglioni	J. T. Merle.
16e. Mlle Dupont	E. Arago.
17e. M. Boutin	L. Couailhac.
18e. M. Levasseur	G. Bénédit.
19e. Mlle Flore	Du Mersan.
20e. Mlle Georges	H. Lucas.
21e. M. Joanny	H. Lucas.
22e. M. Albert	L. Couailhac.
23e. Mlle Jenny Vertpré	H. Lucas.
24e. M. Monrose	J. T. Merle.
25e. M. Bocage	M. Mallefille.
26e. Mlle Pauline Leroux	E. Arago.
27e. M. Firmin	H. Lucas.
28e. M. Rubini	J. Chaudes-Aigues.
29e. M. Saint-Ernest	J. Bouchardy.
30e. Mlle Mars	E. Briffault.
31e. Mlle Persiani	J. Chaudes-Aigues.
32e. M. Menjaud	H. Lucas.
33e. Mlle Prévost	L. Couailhac.
34e. Mlle Eugénie Sauvage	J. T. Merle.
35e. Mme Damoreau	C. Bénédit.
36e. M. Lafont	J. T. Merle.
37e. M. Bardou	H. Lucas.
38e. Beauvallet	A. Arnould.
39e. M. Alcide-Tousez	J. T. Merle.
0e. Mme Volnys	H. Rolle.

TOME SECOND.

Acteurs.	Auteurs.
41e. M. Ferville	J. T. Merle.
42e. M. Volnys	H. Rolle.
43e. Mme Guillemin	M. Aycard.
44e. Mme Gauthier	A. Arnould.
45e. M. Lablache	Couailhac.
46e. M. Arnal	Eugène Briffaut.
47e. Mlle Giulia Grisi	Couailhac.
48e. M. Tamburini	Chaudes-Aigues.
49e. Mlle Clarisse	E. Lemoine.
50e. M. Klein	Marie Aycard.
51e. M. Chilly	A. Arnould.
52e. Mme Stolz	H. Lucas.
53e. M. Moëssard	A. Arnould.
54e. Mme Anna Thillon	H. Rolle.
55e. M. Brunet	Du Mersan.
56^e. Mme Albert	H. Lucas.
57^e. M. Provost	E. Arago.
58^e. Mlle Brohan	J. T. Merle.
59^e. M. Chollet	Couailhac.
60^e. M. Roger	Couailhac.
61^e. Mlle Anaïs	J. T. Merle.
62^e. M. Vernet	H. Rolle.
63e. Mlle Carlotta Grisi	Th. Gauthier.
64e. Mme Desmousseaux	Couailhac.
65e. M. Mario	P. A. Fiorentino.
66e. Mme Dorval	H. Rolle.
67e. Mme Dorus-Gras	E. Arago.
68e. M. Regnier	Aug. Arnould.
69e. Mlle Mante	E. Arago.
70e. Mlle Julienne	H. Rolle.
71e. M. Lepeintre aîné	E. Arago.
72e. Mlle Déjazet	E. Guinot.
73e. M. Numa	H. Rolle.
74e. M. Samson	A. Arnould.
75e. M. Sainville	L. Couailhac.
76e. M. Ligier	H. Rolle.
77e. Mme Jenny Colon Leplus	E. Arago.
78e. M. Raucourt	Bouchardy.
79e. M. Bouffé	E. Briffault.
80e. M. Frédéric Lemaître	Adolphe Dumas.